LA VERGE DE JACOB,

OU

L'ART DE TROUVER LES TRESORS,

Les Sources, les Limites, les Metaux, les Mines, les Mineraux, & autres choses cachées, par l'usage du Bâton fourché.

PAR I. N.

A LYON.

Chez HILAIRE BARITEL,
ruë Merciere, à la Constance.

M. DC. XCIII.

Avec Approbations & Permission.

A MONSEIGNEUR
LE DUC
DE
LESDIGUIERES.
PAIR DE FRANCE.

MONSEIGNEUR,

Je ne prends pas la liber-
té de vous dédier ce petit
Ouvrage pour lui attirer
une protection aussi puis-
sante que la vôtre ce se-
roit la profaner que de l'en-

A ij

EPISTRE.

ployer pour si peu. Je m'y trouve engagé par de plus fortes
considerations. L'honneur
que j'ai eu d'être élevé dans
vôtre maison, pendant que
feu mon Pere s'y aquitoit
d'une administration, dont
vôtre ayeul l'avoit honoré,
exige que je vous marque
une partie de ma reconnoif-
sance, en vous consacrant
tout ce qui dépend de moi,
& que je vous proteste que
mon zele pour vôtre service, égalera celui de mon de-
vancier pour les vôtres, s'il
ne le peut surpasser. La matiere dont il traite, m'en est
encor un motif plus puissant;

EPISTRE.

j'y dois faire voir les prodi-
ges qui sont renfermés dans
le sang ; Et pour en donner
une idée éclatante il faut
necessairement que je choisisse l'un des plus Illustres
du Royaume, afin que par
les merveilles qui seront ema-
nées de celui-là, l'on puisse
juger de ce qu'il peut produire en d'autres de moindre
importance. Où pourrois-je
MONSEIGNEUR,
en trouver un plus Illustre
que le vôtre qui est un écou-
lement & un assemblage de
tout ce que les familles Des-
diguieres, de Crequi, & de
Gondy ont eu de grand

EPISTRE.

& d'heroïque le sang ren-
fermoit de si grandes merveilles en eux , que ceux
qui les sçauront n'auront
pas de peine à croire qu'en
des sujets moins considera-
bles , il puisse exciter du
mouvement à une simple baguette. Ils seront de même
convaincus , que comme le
plus pur se transmet ordinairement aux descendans,
puisque ces trois familles
roullent aujourd'hui sur vôtre tête , les grands hommes
qui en sont sortis vous ont
laissé chacun en abondan-
ce les parties subtiles qui les
animoient , dans ces actions,

EPISTRE.

qui leur ont aquis ; l'applau-
dissement des peuples , &
l'admiration de toute la terre. Ainsi l'on doit trouver
en vous , celles qui animoient
le Grand connêtable de
LESDIGUIERES,
& le Maréchal de CRE-
QUI vôtre bisayeul , à la
prise , ou à la deffence des
Places, leur conduitte & leur
experience aux armes , leur
intrepidité dans les combats,
& les traces de leurs victoi-
res. L'on y peut voir en-
cor le genie & la prudence
consommée pour le Gouver-
nement qu'avoit FRAN-
COIS DE BONNE

EPISTRE.

*vôtre ayeul, son inviola-
ble fidelité pour son Prince,
cette douceur qui le faisoit
appeller le Pere du peuple,
& qui lui avoit acquis l'a-
mour & l'affection de tous
ses Vassaux. Enfin la grandeur d'Ame, la generosité,
le courage, & la bravoüre
de FRANCOIS EMA-
NUEL DESDIGUIE-
RES vôtre Pere, l'admi-
rable conduite & le juge-
ment dans l'administration
des affaires d'Etat du Duc
de RETS vôtre ayeul Ma-
ternel, la Politique & l'E-
rudition du grand Cardinal
son Frere, brilleront per-*

EPISTRE.

petuellement en vous, *&* paroitront comme dans un nouveau jour, quand on sçaura qu'elles vous sont communiquées, par le Mini-stere de Madame la DU-CHESSE vôtre Mere, dont la pieté exemplaire, la vertu distinguée, *&* l'a-mour désinteressé, qui la por-te à se devoüer uniquement à vos interêts, *&* à l'aug-mentation de vôtre mai-son, font une partie de vô-tre bon heur, de méme que l'admiration de toute la France. Je ne pouvois donc MONSEIGNEUR faire un meilleur choix pour don-

A v

EPISTRE.

ner un exemple des prodi-
ges que le sang renferme;
ceux qui liront l'Histoire
de vos Ancêtres en seront
perswadés; Et ceux qui seront
assés heureux pour suivre le
Cours de vôtre destinée ver-
ront qu'il est encor capable
de plus grandes choses. La
maniere aisée & surprenan-
te dont vous faites vos
exercices, cette vivacité
pe raison & de jugement,
qui devancent vôtre âge,
l'affection dont vous hono-
rés ceux qui ont l'honneur
de vous approcher, le respect
& le retour que vous avés
pour MADAME vôtre Me-

re , sont des presages certains de cette verité , *&* des
temoignages seurs que quand
les Grands Hommes dont
vous descendés ne brilleroiët
pas continuellement pour vous
marquer le chemin de la
gloire , vôtre pente naturelle , *&* vos belles disposi-
tions vous y porteroient necessairement , *&* vous feroient parvenir sans peine,
aux honneurs *&* aux di-
gnites , ou les travaux in-
fatigables , de Mars *&* de
Minerve les ont fait mon-
ter. Veüille le Ciel donner
une heureuse suitte à de si
beaux commencemens ; *Et*

A vj

EPISTRE.

faire que les Genies de ces
Heros, soient comme autant
d'Anges Tutelaires qui vous
guident dans l'epineuse route du monde & de la vertu,
& nous preservent dans les
dangers ou tous les grands
hommes s'exposent : Afin que
vous répondiés un jour à
l'attente de toute l'Europe
qui vous regarde comme un
sujet qui doit faire éclater
dignement les merveilles de
son sang. L'on voit déja
parroître sa Noblesse, en
toutes vos actions, fasse le
Ciel; qu'à mesure que vos ans
croitront, vous en fassies de si
éclatantes que le Theatre

EPISTRE.

du monde retentisse du bruit
que la Renommée en fera,
& qu'en les dirigeant pour
l'interêt de nôtre Invincible
Monarque, & de son Etat,
vous vous rendiés digne
successeur de l'affection dont
il a honnoré vos devan-
ciers, en sorte que ma plume,
ou quelqu'autre plus élo-
quente les puisse un jour mettre en parallele avec les
leurs. En attendant que le
Ciel me favorise de vous les
voir porter plus loin que
mes souhaits : Ie m'estimerai
heureux si ce petit traitté
vous peut marquer une par-

EPISTRE.

tie de ma reconnoissance de mon zêle, de mon attachement pour vôtre service, & du profond respect avec lequel je suis,

MONSEIGNEUR,

Vôtre tres-humble,
& tres-obeissant
serviteur J.N.

AVIS AU LECTEUR.

UN tres - honnéte hom- me, à qui la verge de Jacob tourne facilement fur toutes fortes de matieres, & qui n'a pas moins de connoif- fance de fa pratique & de fon ufage, que d'experience & de credit dans fa profef- fion qu'il exerce avec hon- neur, m'ayant communi- qué des obfervations fort ju- dicieufes, & fort bien écri- tes, qu'il avoit fait fur l'u- fage du bâton fourché, je trouvai la matiere fi belle & fi curieufe que je conçeus le deffein d'en faire un Traité particulier.

Je m'appliquai pour cet effet à la recherche des cauſes de ſon mouvement , & pendant que j'y donnois mes ſoins, ayant découvert quantité d'obſervations tres - neceſſaires qui venoient en conſequence ; & qui ne paroiſſoient point dans les premieres , j'en fis faire l'eſſai, ſoit au même, ſoit à pluſieurs autres de mes amis, qui ont, ou en tout , ou en partie la mêmo faculté , & aprés les avoir trouvées juſtes , je reduiſis les unes & les autres en maximes de la maniere dont on les voit aujourd'hui.

Il y a environ trois ans que ce Traité fut achevé, & pour lors, l'ayant communiqué à quelques - uns de mes amis, ils en firent du bruit & m'obligerent de le remettre à un Marchand Libraire pour l'imprimer , mais comme ſa lenteur s'accommodoit à mon peu d'empreſſement de voir mon Ouvrage ſous la preſſe; je l'avois enfin retiré depuis plus de huit mois, & aurois ſuivi le deſſein de l'enfermer pour toûjours ; ſi l'aſſaſſinat arrivé à Lyon le mois de Juillet dernier n'eût fait du bruit ſur cette matiere , & donne occaſion à Monſieur ******* de travailler ſur ce ſujet.

Sa lettre a excité mon emulation, comme j'ay veu qu'elle n'éclairciſſoit pas la matiere dont elle traite; j'ay creu qu'en en donnant une idée parfaite , par mon Ouvrage , il en ſeroit plus utile, & mieux receu du public. D'ailleurs comme j'attribuë la cauſe du mouvement de la verge de Jacob, à l'emanation des corps sub-tils, & que leur sentiment est à peu prés si conforme au mien, qu'à moins que d'avoir succé mon Ouvrage, nous ne pouvions pas nous mieux rencontrer. J'ay cru que je pouvois sans temerité, produire mon sentiment de même qu'ils ont produit le leur ; & si l'on nous trouve en quelques endroits confor-mes jusqu'aux expressions ; particulierement à la lettre du Mercure de Septembre dernier ; je laisse à ceux qui auront veu mon Traité, de-puis deux ou trois ans ; à ju-ger qui est le premier qui a inventé cette opinion. Tout ce dont je puis les asseurer, c'est qu'à cet égard je ne crains point que la baguette

tourne fur moy pour le crime
du larcin.

Quant à la premiere lettre
qu'on a vû fur cette matiere,
elle brille beaucoup , mais
elle n'éclaire pas affez pour
nous tirer de l'obfcurité , &
fans luy faire tort , nous la
pouvons comparer au Soleil
d'hyver, qui à force d'élever
des vapeurs qu'il ne peut refoudre, rend les jours fombres
& nuageux. En effet, elle éleve quantité de doutes & de
difficultés fans en refoudre
aucune, & lors qu'elle femble
nous en donner la clef, elle
nous explique un obfcur par
un plus obfcur. J'entens parler de ces efprits fixes & vo-
latils qui femblent n'y être
inferé que pour faire le dé-
nouëment de toutes ces difficultés , & cependant l'on ne

nous y apprend point ce que c'eſt, leurs qualités, leurs differentes fonctions, n'y commét les uns ou les autres s'employent au mouvement de la baguette, de ſorte qu'aprés avoir laiſſé le Lecteur en ſuſpens, pour ſçavoir s'il y en a de pareils, on luy donne encor à penſer, pour découvrir une choſe qui luy paroit auſſi impenetrable, qu'à celuy qui l'a écrite.

J'eſpere que l'on trouvera dans cet Ouvrage, le diſſolvant de la pluſpart de ces difficultés, & comme pour détromper quelques perſonnes, qui avoient cru que le mouvement de la baguette étoit ſurnaturel, j'ay été obligé de faire une eſpece de mecanique du movuement de ces corps ſubtils, la manœuvre

que je leur fais faire, servi-
ra d'éclaircissement pour la
pluspart des ombrages que
Monsieur ****** a élevé,&
si contre mon intention , je
ne me suis pas assez nette-
ment expliqué , je seray toûjours en état de me rendre
plus clair.

Cependant, je dois dire en
passant, qu'on ne doit pas être
surpris de voir que l'Artiste
de Lyon ne fasse point toucher à sa baguette d'autres
especes pour découvrir si son
mouvement n'est excité que
pour le crime, d'autant qu'outre qu'il peut avoir caché son
art : On ne dit pas posi-
tivement s'il s'en est ser-
vis ou non , je crois même
qu'il luy auroit été fort inutile si ce n'est lors de la premiere perquisition, parce que

lui suffisant d'avoir trouvé du mouvement sur une chose qu'il cherchoit, l'attouchement des autres especes n'auroit servi que pour verifier s'il ne prenoit point le change.

J'ay veu quelques personnes qui se faisoient un embarras, de sçavoir si l'intention de celuy qui fait la recherche, étoit absolument necessaire pour sa découverte, par exemple, si l'intention de chercher un criminel, feroit seulement mouvoir la baguette pour le crime, & non pas pour les autres especes. Mais pour les tirer de peine, ils doivent sçavoir, que l'experience nous apprend que l'intention, soit generale, ou particuliere, n'agit sur la baguette que com-

me une cause indifferente. Je
pourrois le prouver par une
infinité d'exemple, mais je
me contenterai de celuy
d'un chasseur de ce pays,
qui portant son fusil à la
main, pendant que son imagination est remplie de l'i-
dée de la chasse le sent re-
muer, au moment qu'il passe
sur une source, ou sur une
matiere propre à luy exciter
du mouvement, d'autre part
la lettre de Monsieur ******
témoigne que l'Artiste de
Lyon découvrit un corps as-
sassiné ayant intention de
chercher une source.

De sorte que si l'intention
pouvoit être de quelque effet, ce ne seroit pas de nous
faire trouver infailliblement
la chose que nous cherchons,
mais tant seulement de ren-

dre les particules de l'Artiſte
plus propres pour en faire la
découverte, comme plus attachées à la quête de la choſe que l'on voudroit trouver.
D'autant que comme il arrive ſouvent que quand nô-
tre imagination eſt remplie
d'une idée qui l'a préoccupe
fortement, cette preoccupa-
tion rend ſi fort toutes les
particules de nos ſens, ten-
duës à cet objet, qu'elle les
rend preſque incapables de
toutes autres fonctions, à
moins qu'une impreſſion plus
violente ne les dégage de
l'attachement qu'elles avoiét
pour celle-là. Ainſi l'intention de l'Artiſte attache toutes les particules à la quête
de l'objet de ſa recherche.
En ſorte qu'elles ſont preſque inſenſibles pour toutes

autres

autres sortes de mouvement,
horsmis que ce ne soit pour
quelque cause plus violente que celles qu'il a dans
l'idée.

L'on voit la demonstra-
tion de ce raisonnement, au
chien élevé à la quête de
certain gibier, qui mépri-
sera ordinairement le sentiment qu'il peut avoir pour
celuy qui est de moindre
qualité, mais au moment qu'il
en trouve un plus considre-
rable, il quitte celuy qu'il
quêtoit pour suivre ce dernier, & lors qu'il l'a trouvé il reprend fort souvent
celuy qu'il quêtoit auparavant, de même que la ba-
guette tourne fort souvent
sur une espece plus violente que celle que l'on cher-

B

che, mais au moment qu'on
la arrêtée pour cette ef-
pece là, elle continue fon
mouvement pour celle que
l'on cherchoit, ou pour une
moindre fi elle fe trouve
dans le lieu de la perquifi-
tion.

De forte que quand on ren-
contreroit fouvent la chofe que l'on cherche, fans
faire toucher à la baguette
de pareilles efpeces, ou de
differente pour en faire la
diftinction, l'intention, ou
la volonté de l'Artifte n'y
agiroient que comme une
caufe indifferente, qui fi-
xant nos particules, & les
arrêtant à la quête d'un certain objet les rend incapables d'en être détournées, à
moins que d'une impreffion

beaucoup plus forte , qui rompt comme l'arc ou le cordeau qui les tenoit enchainées à l'objet de leur quête.

Mais comme une matiere de cette importance ne se doit pas traiter dans une Preface , l'on se doit contenter de l'ouverture que j'en ay donnée , & ceux qui auront plus de loisir ou plus d'envie d'écrire sur de pareilles curiosités pourront étendre le raisonnement à leur aise. Cependant je m'estimerai heureux , si les soins que j'ay pris pour leur en ouvrir le chemin , ne déplaisent pas au public , & bien loin d'être fâché qu'ils me contredisent , s'ils ont de plus grandes lumieres , il ne

sera pas inutile qu'il les faffent paroître, pour découvrir une verité qu'il eſt important de ſçavoir, toute la
grace que je leur demande
c'eſt de pardonner les fautes
d'impreſſion, & de n'épar-
gner par les miennes.

LA VERGE
DE
JACOB.

CHAPITRE I.

Qui sert d'Introduction à ce traité.

LA plus saine Philoso-
phie convient que les
Astres influent sur tou-
tes les choses sublunai-
res, & que la qualité qui est propre ou particuliere à châque
corps animé, ou inanimé, dépend

B iij

abſolument, ou tire ſa nature de celle que lui imprime l'Aſtre, qui domine ſur lui lors de ſa genera-tion. L'experience nous convainc tous les jours de cette verité & nous apprend à même-tems que la connoiſſance de la plûpart de ces differentes qualités ſont des let-tres clôſes pour les hommes ; que veritablement ils en découvrent quelques unes , mais qu'il n'y a que l'être ſouverain qui en ait une idée parfaite. Et lors qu'il permet que les mortels en tirent quelques unes des tenebres ou leur ignorance les tient enſevelies; c'eſt un benefice , qui procede moins de leur travail , & de leur experience, que d'une grace par-ticuliere , que ſa divine bonté accorde à leur indigence , & au ſoulagement de leur miſere.

L'homme de même que les au-tres corps, & comme le plus no-ble participe de ces influences. L'un ne reſpire que pour la guer-re , l'autre que pour l'étude , &

ne peut aſſouvir ſa curioſité.
L'un ſemble être né pour le com-
merce , l'autre pour édifier ou
pour l'Agriculture. L'un aime
les procés & à l'eſprit des affaires , l'autre les abhorre & les fuit
comme contraires à ſon repos &
à ſa tranquilité. Enfin l'un n'aît
Poëte , l'autre devient Orateur,
Et pour m'énoncer avec l'Apôtre,
* *L'un à le don de la Foy , l'autre*
de guerir les malades , l'autre de fai-
re des miracles , l'autre de Prophe-
tiſer , l'autre du diſcernement des
eſprits , l'autre de parler diverſes
Langues , l'autre de les Interpreter,
& toutes ces choſes ſont operées par
un même eſprit qui diſtribuë ces
dons à chacun ſelon qu'il lui
plaît.

Il eſt conſtant que toutes ces
differentes inclinations des hommes , ne procedent & ne leur ſont
Imprimées au moment de leur
naiſſance que par les differentes

* *S. Paul aux Epheſ. ch. 12. v. 9. & 10.*

conjonctions , ou par les differends aspects des planettes avec
les signes ; & les autres Astres
qui dominent ou qui influent pour
lors. Ils sont comme les causes
secondes dont Dieu se sert pour
répandre ou pour verser ses differends dons sur les hommes : Et
si par la grace chacun à son particulier étoit assés heureux pour
connoître la pente de l'Astre qui
Influë en lui principalement , il
reüssiroit sans difficulté , en s'ap-
pliquant aux occupations qui en
dépendent , ou en corrigeroit en
quelque façon la malignité, s'il
prenoit soin d'éviter les occasions
où elle le peut faire pecher.

Ce n'est pas mon dessein de m'é-
tendre ici sur la preuve de cette
proposition, n'y d'apprendre comment , & quels sont les Astres qui
produisent ces differends effets.
Outre que cette matiere est trop
relevée pour moi , elle merite-
roit un plus ample volume & se
trouve absolument hors de mon

ſujet. Tout mon objet, n'eſt que
de traiter de ceux à qui Dieu, par
l'influence des Aſtres, a imprimé
la faculté de découvrir, par le
mouvement de la Verge qu'on
appelle de Jacob, toutes les
choſes cachées, ſoûterraines &
autres.

On tient que ceux qui ont cette vertu ou cette faculté ſont nés
ſous la planette de Mercure, ou
de Saturne, & ſoubs les Signes du
Verſeau & du Toreau : il s'en trouve beaucoup qui ont un pareil
aſcendant, ou en tout, ou en partie, mais je puis dire qu'il y en
a tres-peu qui ayent une veritable connoiſſance de leur influence, ou qui s'en ſçachent ſervir.
C'eſt un treſor caché, c'eſt une
vertu morte en eux, qui leur eſt
entierement inutile ; je veux la
r'animer en leur faiſant part de
quelques experiences que j'ay
faites, ou veu faire ſur ce ſujet ;
& en leur montrant la pratique
de la Verge de Jacob, leur faire

reduire en acte une vertu qu'ils ne possedoient qu'en puissance. Je veux aussi apprendre à ceux qui n'ont pas cette vertu ; le moyen de n'être pas trompés par tant de coureurs, ou tant d'autres qui pretendent faussement de l'avoir.

En effet chacun sçait la beauté & l'utilité des eaux dans un domaine, les richesses que produisent la découverte des mines & des metaux cachés, la tranquilité & le repos qu'on donne aux familles en découvrant les limites qui separent leurs fonds, le lieu où elles doivent être quand par le dol des proprietaires, ou par la succession des temps elles seroient changées. En un mot personne n'ignore le plaisir de découvrir beacoup de choses cachées dont on est souvent fort en peine, mais peu de gens sçavent le moyen de les trouver, le lieu, sa profondeur, sa largeur, les differentes especes, la quantité qu'il en renferme, & enfin le secret de ne

prendre pas le change lors qu'il en
fait la recherche , & d'éviter les
grandes & inutiles dépenses qu'on
fait tres-souvent pour cela.

C'est ce que je veux apprendre aujourd'hui : le present que
j'en fais au public est d'autant plus
rare qu'il est nouveau , & je me
flatte que jusques icy personne ne
s'est accusé d'en faire un pareil.
Cette pensée me fait esperer qu'on
recevra de bon cœur une libera-
lité qu'un autre enrichiroit sans
doute d'un raisonnement plus so-
lide & mieux soûtenu , mais non
pas d'une experience plus certaine , & d'une plus grande fran-
chise que celle avec laquelle je le
donne.

Je conviens que je ne le puis
donner à tous également , parce
que suivant que la planette ou le signe qui dominent * sont dans leur
dégré d'exaltation , ou dans celuy
de leur abbaissement , ou suivant
qu'ils concourent seuls , ou joints
avec d'autres Astres de differente

Apogée Perigée.

qualité ; il y en a qui ont la faculté de découvrir generalement toutes sortes de choses cachées, d'autres en qui cette faculté est tres-foible, ou limitée pour ne découvrir que de certaines choses.

Par exemple, il y en a qui ne découvriront que les eaux, d'autres que les mines, d'autres qu'une sorte de métal, d'autres que les limites ; enfin, d'autres à qui le baton fourché tourne en remontant contre l'estomac, & d'autres à qui il tourne en descendant contre terre.

Mais quoy qu'il en soit aprés avoir fait les experiences que je donne chacun le prendra pour ce qui luy est propre, & tout ce qu'on doit observer, c'est qu'à la suite lors qu'il sera parlé de celuy qui tient la verge de Jacob, on doit toûjours entendre que les experiences dont on y parle doivent être faites par l'un de ceux qui ont cette faculté en tout, ou en partie, & que par les termes de verge, de baguette, ou de bâton fourché, nous n'entendons qu'une même chose.

CHAPITRE II.

De la qualité de la verge de Jacob.

IL y a beaucoup de personnes qui croyent que le talent particulier d'un homme ne suffit pas pour faire la découverte des choses cachées, qu'il luy faut outre cela un instrument specifique, que la nature ait formé, ou destiné à cet usage. C'est pour cela qu'ils veulent que l'on choisisse un certain bois à l'exclusion d'un autre, & pour cet effet ils pretendent que le vert prevaut au sec, & que parmi le vert, celuy qui a le plus de moële & le plus de suc est toûjours d'un plus grand effet. Parce disent-ils que son humidité étant de la

nature des fources , il a plus d'inclination à chercher fon femblable ; de là vient qu'ils prétendent
que le noizetier qui n'a point porté de fruit, l'épine blanche, le pru-
nier fauvage, l'orme & autres fem-
blables font abfolument neceffaires
pour une pareille operation.

Mais c'eft une erreur qui fe peut
prouver par la raifon & par l'experience, par la raifon dautant que
fi cela étoit , il faudroit croire, ce
qui n'eft pas , que la faculté feroit
attachée au bois feul , que ces efpeces , produiroient le même effet envers tous les hommes generalement , fans diftinction de l'af-
cendant, & enfin que les efpeces de
bois qui croiffent dans les lieux les
plus humides ou dans les endroits
où il y a des mines renfermées feroient plus propres que les autres
à cet ufage , parce qu'ayant leurs
racines dans l'eau, en touchant de
leurs extremitez les mines fur lefquelles ils font nés , & ont été
nourris , ils en auroient pu retenir

quelque qualité ou rapport qui leur donneroit une inflexion naturelle à leur centre comme à leur commune patrie.

Cette erreur se prouve encor par l'experience d'autant qu'elle nous apprend que toutes sortes de bois de quelque espece qu'il soit, ont un mouvement aussi violent & aussi rapide ; & qu'il est indifferent qu'il soit vert ou sec, qu'il ait été coupé par celuy qui le met en usage, ou par un autre ; qu'il soit moëleux ou non. Et quoy que le bois vert deût prevavaloir au sec, parce qu'étant plein de suc, & les pores en étant plus ouverts la transpiration y devroit être plus prompte, neanmoins il semble que si l'on en devoit choisir quelqu'un, le sec devroit prevaloir au vert, parce que manquant d'humidité, il feroit plus porté à la rechercher, & à fléchir ou tourner pour cet effet dans les endroits où il y en a. Mais comme nous l'avons dit ce choix est inutile parce qu'ils fervent tous également, & si l'on en peut faire quelqu'un c'est plûtôt pour la commodité que pour la necessité, je veux dire que dans l'usage, les plus doux, les plus unis, & les moins rudes, sont plus commodes que les autres, quoy qu'ils ne soient pas d'un plus grand effet.

D'où je tire cette consequence, que cette vertu ou cette faculté n'est point attachée au bois, n'y à l'instrument dont on se sert; mais plûtôt à la masse du sang de celuy qui le met en usage, c'est ce sang qui fait tourner le bois par l'impression qu'elle luy communique au moment que l'homme l'empoigne de deux mains : de sorte que cet instrument de quelque qualité qu'il soit n'est que comme un signe dont l'homme se sert pour luy indiquer ou pour luy marquer le mouvement de son sang, sur ce qu'il y a de caché, une marque de cette verité c'est que le bois sec de quelque nature qu'il soit tourne

auſſi facilement que le vert , &
non ſeulement le bois, mais auſſi
le fer, l'argent , le fil de richal , la
côte de Baleine, & autres matieres
ſouples & ſolides , excepté dans
les cas que nous diſtinguerons à la
ſuite.

CHAPITRE III.

De la forme de la verge de Jacob.

L'Ecriture Sainte* nous apprend
que le Patriarche Jacob avoit
mis quelques verges bigarrées dans
les fontaines où il abreuvoit le bé-
tail de ſon beau peré Laban , afin
que l'impreſſion qu'il leur avoit
donnée en les bigarrant ſe commu-
niquât à ces animaux en beuvant, &
d'eux aux petits qu'ils produiroient, ce qui a donné lieu à quel-
ques-uns d'appeller verge de Jacob toutes celles dont on ſe ſert
Geneſ. chap. 30.

pour donner ou pour recevoir quelque impreſſion : & comme le bâton fourché en reçoit une conſiderable , ſelon qu'on l'a etably au titre precedent , ils luy ont même fait porter le nom du Patriarche.

Il y en a d'autres qui ſeduits par le rapport de l'effet de cette baguette à celuy de celle de Moïſe, luy donnent le même nom , non ſeulement parce que celle-cy eſt ſuſceptible d'impreſſion ſur toutes ſortes de matieres , de même que celle de Moïſe l'étoit de toutes les formes qu'il luy vouloit donner , mais encor parce qu'ils pretendent que le miracle que produiſit celle de Moïſe en faiſant ſortir de l'eau du rocher d'Oreb ſe reproduit en quelque façon lors qu'on ſe ſert de celle-cy , par la facilité quelle donne de trouver les eaux dans le ſein de la terre ou dans le creux des rochers.

Mais ſans nous attacher à ces etimologies qui ont plus de bril-

lant que de folide, puifque l'ufage
l'a emporté, & que celle-cy ne
fert pas feulement à la découverte
des eaux, mais encor de toutes les
autres chofes cachées, nous luy
laifferons le nom de verge de Jacob ; & comme celle dont fe fer-
vit ce Patriarche, n'étoit qu'une
houffine pareille à celle qu'on porte ordinairement à la main, il y en
beaucoup qui ont voulu que celle qu'on employoit à la idécou-
verte des chofes cachées fuffent de
cette forme.

Il femble même que leur opinion n'eft pas fans fondement, non
feulement parce qu'il eft certain
que toute forte de baguette, de
même que toute autre chofe qu'on
porte fouple & folide, tourne à
la main de celuy qui eft né fous la
planette dont nous avons parlé, au
moment qu'il paffe fur quelque
fource, fur quelque mine, ou fur
quelque chofe de caché. Mais encor parce que pour reconnoître fi
une perfonne à veritablement cette

faculté, on luy fait tenir la main ouverte avec une baguette pareille à celle dont nous venons de parler, fur la palme de la main ouverte ; & au cas qu'elle tourne ou donne du mouvement en paffant fur les chofes qu'on cherche, on conclud aifément qu'il a cette faculté ou plus, & que l'experience eft fans fupercherie, & cela eft reprefenté dans la figure D.

Neanmoins comme l'experience nous a appris que le mouvement de la baguette fimple n'eft pas fuffifant pour indiquer pofitivement l'endroit où eft la chofe cachée. On a introduit l'ufage du bâton fourché fait en cette forme

foit parce que fon mouvement eft plus rapide & plus fenfible, foit auffi parce qu'en tournant dans la main, il indique & marque de la pointe le lieu où eft enfermé la

chofe cachée. De forte qu'il femble que toute la vertu de cette in-
diquation foit renfermée à cette
pointe , & que l'impreffion que
reçoit le bâton, par les deux mains
qui l'empoignent des deux côtez,
fe tranfporte jufqu'à cette extremité pour nous marquer ce que
nous voulons chercher ; D'où l'on
tire cette confequence certaine,
que c'eft juftement dans l'endroit
& vis à vis du lieu où cette pointe
fe baiffe, qu'il faut creufer pour
trouver ce qu'on cherche.

Je prouve cette verité non feulement par la raifon naturelle qui
nous apprend que les forces unies
ont plus de puiffance, & que l'impreffion que le bâton reçoit par
fes deux extremitez, fe commu-
niquant & s'uniffant à ce bout,
luy donne plus de force à cette
indication comme y étant plus
abondante & plus vigoureufe :
Mais encor par l'experience ; dautant que fi l'on cache de l'eau ou
des metaux en deux endroits dif-

ferens , de la distance d'environ
un pied l'un de l'autre ou de celle
des extremitez du bâton , lorsque la pointe sera portée sur l'un
ou sur l'autre elle se baissera infailliblement , & si on la trans-
porte dans le milieu , les deux
mains se trouvans dessus le chacun à l'opposite , elle ne baissera
point du tout ce qui justifie clai-
rement la consequence que nous
avons tiré cy - dessus , que cette
pointe sert pour marquer plus juste & plus certainement l'endroit
de la chose cachée.

La forme dont nous venons de
parler est encor plus utile que celle de la simple baguette , parce
qu'il faut quelquefois creuser ou
chercher dans les fentes des rochers , ou sont les mines , sur
le bord des lieux escarpés ou se
peuvent trouvés les limites , & en
d'autres endroits où l'espace est si
borné que la petitesse du lieu
empêcheroit le libre mouvement
de la baguette , & feroit qu'on ne

pourroit trouver la chose qu'on cherche si elle n'étoit indiqué par le bruit du bâton fourché , qui n'ayant qu'environ un pied de longueur ou moins peut aisément être porté par tout.

Il y a encor une raison qui nous porte à dire que ce bâton doit être petit, c'est que si dans un même espace , ou dans une mediocre distance il y a plusieurs choses cachées de differente nature , comme ce bâton donnera également du mouvement pour toutes , on ne pourra jamais distinguer la difference de ces especes, comme nous l'établirons dans la suitte ; si la petitesse du bâton ne nous laisse un espace pour passer du lieu de l'une , à celuy de l'autre , afin d'observer les differentes causes de son mouvement.

CHAPITRE I.V.

De la maniere de tenir la Verge de Iacob, & comme elle tourne.

IL eſt indifferend de quelle maniere qu'on tienne cette baguette, & chacun ſuivant la force de ſon aſcendant, par ſa prudence,& par la pratique ſe peut former une poſture particuliere qui lui ſoit plus commode & plus utile à faire cette découverte. Neanmoins comme ceux qui ne l'ont pas encor pratiqué peuvent être embarraſſés par l'ignorance de l'uſage, ils apprendront ici qu'il y a trois manieres les plus ordinaires & les plus frequentes à la tenir; la premiere c'eſt de la tenir droite la pointe en haut, & les dos des deux points fermées, contre terre en cette ſorte;marqué par la figure A

La

La feconde c'eft de la tenir couchée , la pointe devant & le dos
des deux points qui la ferrent
tourné contre nôtre corps en cette forte qui eft reprefenté dans la
figure B.

Et la troifiéme en une pofture
qui tient le milieu entre ces deux,
par laquelle, on ne tient n'y la
pointe entierement en haut , n'y
entierement devant , mais dans le
milieu comme la figure C le re-
prefente. Lors qu'on la tient de
la premiere façon en tournant elle remonte ordinairement contre
l'eftomac , lors qu'on la tient de
la feconde , en tournant, elle def-
cend ordinairement contre terre,
& lors qu'on la tient de la troifiéme, elle tourne indifferemment
tantôt d'un côté tantôt de l'autre.

Elle en fait de même fort fouvent aux deux premieres , mais du
déreglement qui arrive pour lors,
en l'une, & en l'autre , nous en ti-
rons une régle certaine pour con-

noître la largeur de choſes cachées , leur profondeur , & la
diſtinction des ſources , des mines , & des limites aux autres matieres Dautant que ſur la largeur
ſon mouvement eſt toûjours uniforme , c'eſt-à-dire que ceux à qui
elle tourne en baiſſant trouvent
un pareil mouvement pendant
qu'ils marchent dans tout l'eſpace de la largeur , & lors qu'en
continuant de marcher ſon mouvement vient à changer , c'eſt-à-
dire qu'au lieu de baiſſer elle remonte contre l'eſtomac , ils con-
noiſſent qu'ils entrent ſur l'eſpace de la profondeur , L'on connoit de même qu'on ſuit la longueur d'une ſource , d'une mine,
ou d'une limite , lors qu'aprés
avoir veu le mouvement en baiſſant ſur la largeur , le contraire
ſur la profondeur , elle en donne
un pareil ſur la longueur ; c'eſt-à-
dire auſſi en remontant contre
l'eſtomac.

Quoy que la troiſiéme façon de

tenir la baguette , ne paroiſſe pas
d'une grande utilité , parce que
le bâton, comme nous l'avons dit,
y tournant indifferemment , tantôt d'un côté tantôt de l'autre , il
ſemble qu'on ne peut pas ſi bien
diſtinguer l'eſpace de la profondeur de la choſe cachée. Elle ne
laiſſe pourtant pas d'avoir ſes commodités , parce que n'étant n'y
trop élevée , n'y trop abaiſſée,ſon
mouvement eſt plus prompt &
plus ſenſible quand elle ſe relêve
contre l'eſtomac , ou quand elle
baiſſe contre terre , parce que n'a-
yant qu'un demi quart de tour à
faire pour remonter ou pour d'é-
cendre ; il lui eſt par conſequent
plus facile de flêchir d'un côté ou
d'autre.

De ſorte que ces trois manieres
de tenir la baguette ont chacune
leurs commodités , mais pour ſe
ſervir avec ſuccés des unes & des
autres , aprés les avoir toutes
éprouvées ; Il eſt bon de ſe former une regle pour la tenir me-

diocrement & toûjours également
ferrée , en forte qu'on puiffe juger dans cette égalité du plus , ou
du moins de la violence qu'elle
fait pour tourner ; autrement fon
mouvement ne fera jamais fi fenfible , parce d'un côté, que la vio-
lencel qu'on fe fait à foi-même
pour a trop ferrer , empêche une
partie du difcernement , & de la
fenfibilité ; & de l'autre que ne la
ferrant pas affés l'impreffion n'en
eft pas fi forte & le mouvement
n'en peut être fi fenfible.

Par deffus cela il faut encor
marcher lentement quand on fait
cette recherche , de crainte que la
trop grande activité , ou les trop
grands pas ne nous faffent appercevoir du mouvement qu'aprés
avoir paffé le lieu qui la caufé;
& qu'en perdant l'endroit ou nous
devons creufer nous ne laiffions
par nôtre promptitude ce que
nous cherchons avec tant de
foin.

La forme & les differentes ma-

nieres de tenir la baguette nous
font voir le peu de fondement de
ceux qui pretendent qu'elle tourne à mesure qu'on met le pied sur
la chose cachée d'autant que ce
n'est pas le seul transport du corps
sur la chose qui donne le mouvement à la baguette, mais encor
celui de la baguette, cette verité
se peut facilement éprouver en
avançant les deux bras, ou le bâton seulement sur la chose cachée,
& l'on verra que la pointe y baif-
sera, ou y remontera, avant que
l'un ou les deux pieds tous ensem-
ble y soient.

Ce qui confirme ce que nous
avons avancé que la vertu est plûtôt attachêe aux mains qui empoignent la baguette & qui lui
communiquent le mouvement du
sang, qu'aux autres parties du
corps qui ne la touchent pas. Ainsi
quand on dit ordinairement que
la baguette tourne à mesure qu'on
met le pied sur la chose cachée,
c'est par une expression figurée qui

exprime une partie pour le tout
ou une partie pour l'autre.

Avant que de finir ce chapitre je devrois expliquer les caufes
des differends mouvemens de la
baguete tant fur la longueur que
fur la largeur & la profondeur.
Mais aprés avoir renvoyé la premiere au chapitre fixiéme, J'obfer-
véray avant que de finir celui-ci
que la difference du mouvement
fur la largueur & fur la profondeur, eft fondée fur une raifon naturelle, quoy que fon effet pa-
roifſe du tout extraordinaire. D'autant que le mouvement que donne
la baguette en haut en bas, ne procedant comme nous l'établirons à
la fuitte que des corps fubtils de
la nature de la chofe cachée, qui
occupans perpendiculairement en
l'air toute fon efpace, attirent &
font flechir, par l'impreſſion qu'ils
donnent au fang, le bâton vers
l'endroit qui la renferme comme
pour le lui indiquer. Il n'eft pas
extraordinaire que le bâton prenne

un mouvement differend lors qu'il vient à quitter cet espace, parce que les corps subtils qu'il entraine avec lui en le quittant voulans retourner à leur centre, & y étans attirés par les autres ou par leur pente naturelle lui font faire un mouvement circulaire en arriere de-même que le leur ; & par consequent differend de celui qu'elle faisoit lorsqu'elle occupoit cet espace, la demonstration de cette raison se trouve en remontant ou descendant le cours d'une source, parce que ces corps subtils étans agités autrement qu'ils ne sont pas en la traversant, causent aussi à la baguette un differend mouvement.

CHAPITRE V.

Comment on peut connoître en general, ou distinguer les choses cachées, par la verge de Iacob.

CEux qui cherchent les choses cachées prennent souvent le change, & ne trouvent ordinairement pour recompense de leur travaux & de l'excessive dépense qu'ils ont fait pour creuser, qu'un morceau de pierre, de fer, ou d'autre métal, au lieu d'une source qu'ils demandoient, & au contraire pour un métal que leur souhaits ont pour objet, ils ne trouvent rien du tout, ou une source si abondante, qu'elle pourroit les inonder plûtôt que les arrouser. Cet erreur vient de ne pas connoître la nature des choses cachées, & de ne sçavoir pas avant que de creuſer ſi elles ſont de la qualité que nous demandons.

Il ſemble d'abord que cette con-noiſſance eſt impoſſible, & qu'à moins que la terre ne ſoit de criſtal, ou qu'il n'y ait une fenêtre pour regarder dans les entrailles, de même qu'un ancien la ſouhai-toit dans le cœur de l'homme : ce que celle-là contient eſt auſſi ca-chée que les penſées de celuy — cy ſont impenetrables. Cependant l'experience nous apprend tous les jours le contraire, & nous fait voir en même-tems que cette con-noiſſance eſt infaillible en obſer-vant les choſes qui ſuivent.

Pour en être convaincu, il faut convenir de deux principes, éga-lement inconteſtables, qui ſervi-ront de baſe à toutes les décou-vertes, & de fondement à tout ce que nous en dirons. Le premier que la baguette tourne ſur une choſe cachée de quelque nature qu'elle ſoit, ſource, mine, métal, mineral, limite, & autres de cette

C v.

nature. Le second que les choses apparentes de même nature arrêtent le mouvement l'une à l'autre lors qu'on en fait la recherche. Par exemple l'eau , les métaux, & les autres choses cachées ne donnent aucun mouvement à celles de même nature qui sont apparentes. En un mot la chose apparente de même nature que la cachée, ôte & arrête le mouvement que la baguette avoit sur la chose cachée. Je donneray dans un titre separé la raison de ces deux principes, & dans celuy-cy je les vai prouver par l'experience.

Il est constant que la verge de Jacob ne tourne jamais sans cause, & si en la portant l'on y ressent quelque mouvement, quoy qu'on n'en connoisse pas d'abord le veritable mobile , l'on doit pourtant conclurre qu'il y a une chose cachée dans le lieu ou l'on trouve ce mouvement. Et comme la difficulté reste de sçavoir si c'est pour de l'eau, pour un métal , pour une

limite, ou pour quelque autre chofe cachée , on la peut diftinguer &
en connoître la nature , en appli-
quant fucceffivement au bout de
la baguette plufieurs efpeces differentes , comme de l'or , de l'argent, du cuivre, du plomb, un linge, ou un papier moüillé de la grandeur d'un pouce , &c. jufqu'à ce
qu'on en ait trouvé une qui arrête
ce mouvement. Alors par le principe que nous avons établi cy-
deffus , il faut tenir pour conftant
que la chofe cachée eft de même
nature que celle qui fe trouve au
bout de la baguette , & que l'effet
ceffe par la même caufe qui le produit.

Ce principe eft certain lorfqu'il
n'y a qu'une feule chofe cachée capable de produire ce mouvement.
Mais s'il s'y en trouve plufieurs
differentes qui caufent le même effet , on refte toûjours dans la même incertitude , parce qu'une efpece feule n'arrête pas pendant
qu'il s'en trouve d'autres cachées.

qui ont la même faculté de mouvoir la baguette. Par exemple une source qui coulera dans une mine, ou dans un tuyau de plomb, ou de cuivre, fera tourner la baguette, mais la mine, le plomb, le cuivre, ou les foudures d'étain qui font au tuyau le feront auffi, de forte que l'attouchement d'une espece n'arrête pas le mouvement pendant qu'il y en a d'autres qui le caufent. Quand donc on aura moüillé un linge au bout de la baguette, elle ne laiffera pas de tourner pour le plomb, pour le cuivre, pour les foudures, ou pour le feul tuyau quand la source, n'écouleroit plus. On ne peut donc découvrir toutes ces differentes efpeces qu'en mettant au bout de la baguette ou dans le creux de la main, en forte qu'elle les touche, autant de differentes efpeces qu'il y en peut avoir de cachées, comme du plomb, de l'étain, du cuivre, &c. parce qu'alors elle s'arrêtera, & n'aura plus de mouvement par les raifons que nous dirons à la fuite.

Il peut encor être qu'à l'endroit d'une fource, l'on aura planté une limite , ou caché un tréfor. Ce tréfor peut être renfermé dans une caffette garnie de cloux de lotton ou d'argent , fermée d'une ferrure de fer , ou dans un pot ou autre vaiffeau , d'étain , de fonte, ou de métal , il eft feur que la baguette tournera pour toutes ces efpeces , & qu'on n'en pourra jamais arrêter le mouvement qu'on ne luy eût fait toucher de toutes en même-tems. Ce qui me porte à dire que pour s'éclaircir véritablement , il faut en premier lieu faire ces ex-periences pour toutes les efpeces en particulier, & lors qu'on verra qu'il n'y en a pas une qui arrête la baguette ; on luy en fera toucher de plufieurs à la fois , jufqu'à ce que fon mouvement foit arrêté par l'attouchement de toutes celles qui font cachées. Aprés voyant les ef-peces qui l'ont arrêté , l'on doit conclurre d'une conféquence naturelle qu'il y en a autant de cachées, comme il y en a qui l'ont touchée en même tems.

Lors qu'on a reconnu l'espece qui est renfermée, l'on ne sçait point encor sa quantité, ny sa veritable qualité, si c'est une source, ou une eau croupissante, une piece d'or ou une mine de ce métal, une mine ou une barre de fer, une mine ou une piece de cuivre, &c. & il n'est pas incompatible que toutes ces choses, ou une bonne partie ne se trouvent à peu prés dans le même endroit.

Pour le connoître il ne faut que suivre en remontant & en descendant le mouvement de la baguette, aprés traverser en croix le lieu ou l'on l'a ressenti; si c'est une source, on découvre par ce moyen le lieu d'ou elle vient, & celuy où elle coule, ce qu'on ne peut trouver en une eau croupissante. On distingue encor par ce moyen, la piece de métal, d'avec la mine, parce que cette derniere ayant des veines on des filons, on fuit la veine en montant & en defcendant, ce qu'on ne peut faire en une piece de métal, barre de fer, ou vaiffeau de fonte, &c. qui n'ayant qu'un efpace limité, ne peut faire tourner la baguette dans cet efpace, qui n'eft jamais de fi grande étenduë que la fource ou la mine.

Pour la maniere de fuivre la fource ou la mine, elle n'eft pas difficile, fi l'on remarque ce que nous avons dit au Chapitre precedent, que la baguette tourne toûjours de meme façon lors qu'on les traverfe, & qu'elle tourne differemment, lors qu'on les remonte, ou qu'on s'en écarte tant foit peu.

Cette maniere de connoître la mine & la fource, nous fert en même-tems pour les diftinguer des autres chofes cachées, parce d'un côté que fur tout le refte la baguette tourne également fur leur longueur & fur leur largeur, & de l'autre elle nous fait faire la difference de la source qui ne va ordinairement qu'en serpentant, d'avec la llimite qui va toûjours droit, & de ce qui n'est n'y mine, n'y source d'avec ce qui l'est, par le petit espace borné qui renferme ce premier.

Et quoy qu'il y ait d'autres choses presque aussi étenduës que la mine & l'eau souveraine, comme par exemple une source conduite par des tuyaux de plomb ou d'autre métal, on les peut aussi facilement distinguer que le reste par les soudures des tuyaux, ou par les autres alliages qu'elles ont, d'autant que, comme nous venons de le dire, on ne pourra arrêter le mouvement de la baguette, sur ces soudures, ou sur ces autres alliages qu'en luy faisant toucher de l'étain, ou des métaux de même nature que l'alliage, ce qui est absolument inutile lorsqu'il n'y a qu'une source, ou qu'une mine.

L'on peut encor par le même moyen, distinguer l'endroit ou la

fource ſſe perd , d'avec celuy ou
elle eſt encor dans le tuyau ; dautant qu'il faudra l'eau , l'étein , & .
le plomb, pour l'arrêter dans l'endroit ou le tuyau la renferme . &
le plomb & l'étein ſuffiſent pour
celuy ou elle ne coule plus, ce qui
eſt d'un grand ſecours , quand on
veut remettre une ſource , pour
empêcher de creuſer, & de découvrir ſans neceſſité d'autres endroits
que celuy ou elle fait défaut.

Toutes ces choſes ſont certaines & faciles à éprouver,il ne faut
que cacher les choſes ſur leſquelles on en veut faire experience, &
l'on trouvera la verité de ce que
j'ay avancé. Mais il faut prendre
garde à deux choſes , la premiere
que celuy qui fait la recherche ne
s'ôte luy même la faculté d'en faire la découverte , ce qui luy peut
arriver ſi par exemple , il avoit
des boucles d'argent couvertes,des
cloux à ſes ſouliers , des bagues
d'or, &c. ou des autres metaux cachées dans ſes habits , dautant que

la baguette luy tourneroit aussi facilement pour ce qu'il porte découvert que pour les autres choses cachées.

La seconde que la baguette ne soit pas de même nature que la chose cachée, c'est à dire d'or, d'argent, de fil de richal, ou de côte de baleine, pour rechercher des choses de cette nature, d'autant qu'il est évident parce que dessus qu'elle ne tourneroit pas pour les mêmes especes dont elle est composée, & c'est le cas que j'ay excepté au Chapitre deuxiéme quand j'ay dit qu'elle tournoit de quelque matiere qu'elle fut. C'est aussi ce qui m'a porté à me determiner qu'il est plus seur & d'un plus grand usage de se servir d'une de bois parce que le mouvement de celle-là ne peut jamais être arrêté par une autre de même qualité.

Ayant ôté tout ce qui pouvoit s'opposer à nôtre intention, celuy qui fera l'essay, connoîtra deux choses ; la premiere que la baguette tournera infailliblement fur la chofe cachée, la feconde qu'elle arrêtera fon mouvement en touchant une efpece de même nature que la cachée.

CHAPITRE VI.

De quelle maniere on peut découvrir en particulier, les mines, & les métaux cachées.

QUoy que dans le Chapitre precedent nous ayons montré en general la maniere de découvrir les chofes cachées, & qu'il femble que ce que nous en avons dit doivent donner une idée parfaite de ce qu'on y doit pratiquer. Neanmoins comme il y a beaucoup d'obfervations particulieres en chaque efpece, qu'on ne peut fçavoir que par une longue experience, j'ay cru qu'il étoit neceffaire de faire un Chapitre particulier fur ce qu'on doit remarquer en faisant la recherche des métaux, des mines, & mineraux.

Ceux qui cherchent les mêtaux ne voudroient point trouver de l'eau, au contraire comme elle les peut tromper en faisant tourner la baguette de même que le métal qui peut être dessus ou dessous, & leur peut causer une excessive dépense pour la puiser des mines quand elle se trouve jointe à elles, ils souhaiteroient qu'il n'y en eût point du tout. Pour se tirer de cet embarras on tache avant toutes choses de sçavoir s'il n'y a point de source dans le lieu ou la baguette tourne, & pour le découvrir, on se precautionne au moment de la recherche d'un linge moüillé au bout de la baguette : Et quand on apperçoit que ce linge n'arrête pas ce mouvement on connoît d'abord ou qu'il n'y a pas de l'eau, ou que s'il y en a elle est jointe avec quelque autre matiere qui continue ce mouvement. Cette matiere ne pouvant être qu'un métal, un mineral, &c. aprés luy avoir fait toucher de plusieurs metaux ou mineraux, &c. sans que cela l'arrête, l'on tire encor cette conséquence qu'il n'y point de métaux ou de mineraux, &c. en ces endroits, ou qu'avec eux il y a encor quelques autres especes qui continuent ce mouvement, comme pourroit être un corps mort, une limite, &c. pour le corps mort il luy faut faire toucher de la mumie, pour les limites, nous en traiterons dans un autre Chapitre.

C'est donc une maxime certaine que pour la recherche des métaux il se faut précautionner avant toutes choses. 1°. d'un linge moüillé au bout de la baguette. 2°. se munir d'autant de differentes especes de metaux ou de mineraux, qu'on croit qu'il y en a de renfermées, & comme la vertu d'arrêter n'est pas attachée à la quantité, mais à la qualité, on juge bien que les pieces n'en doivent pas être

fort grandes & qu'il suffit qu'elles
soient du poids d'un écu d'or. 3°.
on doit fendre la baguette de deux
trois fentes, ou plus, afin qu'on y
puisse enchasser les especes qu'on
luy veut faire toucher, mais de
peur qu'en faisant ces fentes en
travers les deux branches ne se separent, il les faut faire du côté des
branches, & au cas qu'on ne puisse enchasser toutes les especes dans
les fentes qu'on aura fait, on pourra placer le reste dans le creux de
la main qui touche la baguette.

L'on tient encor pour maxime
que les especes ne se contrarient
jamais, & que quand par exemple
au lieu de trois especes qui sont
cachées, on en feroit toucher de
six à la baguette, ou au bout ou
dans la main, il est certain que les
trois superflues n'empêcheront pas
son mouvement, comme le défaut
de l'une des trois renfermées le
pourroit continuer. Tout ce que
cette abondance peut produire,
c'est la confusion & l'embarras de

sçavoir lesquelles des six n'y sont pas, pour s'en tirer il faut éprouver si souvent separément & conjointement, qu'on trouve enfin les trois seules qui l'arrêtent, & à même tems on connoît les superfluës.

Il est encor important de remarquer que si les especes dont on se sert pour arrêter ne sont pas totalement de la même qualité des cachés, elles n'arrêteront point ; d'où il suit que l'or n'y l'argent fin, n'arrêteront point pour le faux, n'y le faux pour le fin, l'étein commun pour l'étein fin, n'y le fer pour l'acier. Ce qui n'est pas d'un petit secours, si par hazard les deux especes étoient cachées en deux differens endroits pour connoître le lieu ou est le faux, & celuy ou est le fin.

Il paroit surprenant que l'acier qui n'est qu'un fer raffiné n'arrête pas le mouvement pour le fer, mais la surprise cesse quand on remarque que ce raffinement luy donne une qualité differente par l'alliage qui entre dans la compo-sition, de même que l'alliage de l'or & de l'argent.

La mine cruë est une espece d'ex-ception à cette maxime, dautant qu'en l'état qu'elle sort du sein de la terre, elle arrête le mouvement pour le fer & le fer pour elle, quoi que cela semble impliquer parce que les autres corps dont elle est encor enveloppé avant que d'être épurée, luy devroient donner une qualité differente du fer, nean-moins ils produisent respective-ment les mêmes effets, la raison en est sans doute, que le fer étant fondu & purifié ne change point de nature pour être depoüil-lé des corps heterogenes qui l'enveloppoient, comme l'acier qui par son alliage, fait un com-posé d'une nature differente. En un mot le fer envelopé des matie-res crasses de la mine qui le con-tient peut arrêter le mouvement sur luy de même que luy sur la mine.

mine, mais l'acier ceſſant d'être
fer par l'alliage dont il eſt compoſé l'un ne peut plus arrêter le
mouvement ſur l'autre.

L'on peut étendre la conſequence de la mine de fer aux autres de
differente qualité, par exemple un
morceau de mine d'argent arrêtera le mouvement pour l'argent &
l'argent pour la mine &c. & de
même que l'acier n'arrêté pas le
mouvement pour le fer, le compoſé de ce metal n'arrêtera point
le mouvement pour la mine, ou
la mine pour le compoſé, ainſi
qu'on le peut connoître par l'eſſai
ſur l'argent fin & le faux.

Il y-a encor une obſervation
fort curieuſe & fort neceſſaire à la
recherche des mines, c'eſt qu'il y
en a une partie qui ſont ſi abondantes en ſouffre & en Antimoine,
qu'ils dominent ſur le metal avec
lequel ils ſont mêlés ; Il y en a
d'autres plus fines ou le metal domine ſur le ſouffre & ſur l'antimoine, en la premiere eſpece il

D

pourroit être que le metal seul ne
pourroit artêter le mouvement
sur la mine , parce qu'êtant comme enveloppée d'une grande abondance de souffre & d'Antimoine
la baguette ne tourne pas pour le
métal seul , & ainsi il faut se munir d'un peu de souffre , & d'un
peu d'Antimoine pour Arrêter son
mouvement , en la seconde le metal seul suffit pour l'arrêter , ce
qui nous fait juger de la finesse de
la mine , parce que la quantité du
metal excede celle de l'Antimoine.

Sans doute qu'il ne sera pas
inutile de rapporter en ce chapitre un moyen de distinguer les
sources & les mines d'avec les autres choses cachées , dont nous
avons parlé au chapitre precedant.
Je veux dire qu'on connoit que
l'on est sur une source, ou sur une
mine , lors qu'en la traversant la
baguette tourne en baissant , &
qu'elle tourne en remontant contre l'estomac , lors qu'on suit leur

longueur, ce qui n'arrive pas lorſqu'il ny a qu'un metal ſeparé de
la mine ; ou quelqu'autre choſe renfermée dans un eſpace limité ; dautant qu'alors ſon mouvement eſt toûjours uniforme dans
la longueur & dans la largeur , &
il ne change point que l'on ne ſorte de l'eſpace que cette choſe occupe.

Voici la raiſon de cette difference les veines & les filons des
mines étant attachés au tronc comme les rameaux le ſont à l'arbre,
il s'en émane continuellement des
eſprits vegetaux qui concourent
dans ſa longueur à la perfection
& à la nourriture de toutes les
parties de cet arbre, lorſque l'homme remonte ſur l'eſpace de l'un
de ces filons , les parties ſubtiles
qui s'emanent de luy , ſont entrainées par ces eſprits;& par le choc
qu'elles en reçoivent elles ſont
obligées de rebrouſſer ; Et quoy
que l'homme n'en reſſente pas le
mouvement,la baguette qui reçoit

D ij

l'impreſſion que ces mêmes parties ſubtiles luy donnent eſt obli-
gée de ſuivre leur pente & de retourner en arriere comme elles.
L'on trouve la demonſtration de
cette verité en un corps qui remonte une eau courante, dautant
qu'ou il eſt entrainé par ſon mouvement, ou s'il a la force de luy
reſiſter il faut faire aux particules
de cet élement un mouvement
circulaire autour de luy, leſquelles donnent la même impreſſion
aux choſes mobiles qui luy ſont
attachées.

Mais il n'en eſt pas de même
des metaux ſeparés de la mine parce qu'étant dans leur perfection
& ſeparés de la matrice ou de la
ſource commune d'où ils tiroient
leur nourriture, ce concours ou
ce tranſport d'eſprits vegetaux ne
ſe fait plus vers eux. Il n'y a que
les particules ou les corps ſubtils
qui s'exhalent d'eux-mêmes qui
cauſent le mouvement de la baguette, & ces mêmes corps ſub-

tils s'exhalâts pour lorségalement
de toute l'éſpace que les metaux
occupent , ne produiſent par conſequent qu'un mouvement égal en
la longueur & en la largeur.

L'on doit donc encor tenir pour
conſtante la maxime dont nous
venons de parler ; Et comme il
arrive ſouvent que par les guer-
res par la ſucceſſion du tems , par
les êboulemens des édifices &
par les inondations pluſieurs metaux ſe trouvent renfermés dans
le ſein de la terre. L'on n'aura
pas de peine à les diſtinguer à l'a-
venir ſi l'on ſuit les preceptes que
nous avons donné , & ſi dans les
mazures ou autre lieu que l'on
croira renfermer quelque choſe
le linge moüillé n'arrête pas le
mouvement de la baguette , il faut
chercher en croix ſur les endroits
ou elle tourne pour decouvrir ſi
le mouvement eſt differend en la
largeur & en la longueur, & quand
on le trouvera uniforme par tout,
on peut conclurre hardiment que

ce mouvement n'eſt cauſé, ny par
une ſource; ny par une mine,
qu'il faut que ce ſoit un metal ou
quelqu'autre choſe, & aprés faire
les differentes épreuves des metaux, juſqu'à ce qu'on ait decou-
vert ceux qui y ſont cachés.

Par exemple s'il y a des armes
la baguette tournera également
dans la longueur & dans la largeur de l'eſpace qu'elles occupent, mais il ne faut pas croire
que le fer ſeul arrête ſon mouvement, comme il y en d'Acier,
d'autres qui ſont garnies d'argent
ou d'autres metaux, pour arrêter
le mouvement il faudra auſſi faire
toucher de ces metaux, & lors
qu'elle s'arrêtera l'on pourra con-
noitre en quelque façon leur qualité, de même que l'on connoitra
leur profondeur en terre par ce
que nous dirons à la ſuitte.

Il arrive ſouvent qu'aprés avoir
obſervé toutes ces maximes, mis
le linge moüillé au bout de la baguette, & fait toucher de tous les

metaux en particulier & conjointement, son mouvement ne s'arrête point, de sorte que l'on se
trouve en la même peine qu'on
étoit avant que de faire l'experience. En voici la veritable cause ; c'est que la baguette tourne
encor pour le charbon de pierre,
& pour tous les autres mineraux,
comme le cinabre, le souffre l'antimoine, l'ocre, & leurs composés où ils dominent, comme le
verre, la cire d'Espagne rouge non
la noire ou il n'entre point de cinabre, & ainsi des autres, de sorte que si les metaux ne suffisent
pas pourj arrêter ce mouvement,
il y faut encor essayer de ces mineraux & de leurs composés dautant de sorte dont on pourra s'a-
viser, jusqu'à ce qu'on ait trouvê
celuy qui manquoit pour arrêter
le mouvement. On peut ensuitte
recommencer son épreuve en
ôtant une des especes qui tou-
choient autre que la derniere qui
à arrêté, & le bâton restant sans

mouvement on peut conclurre
qu'il n'y a pas de celle là & ainſi
conſecutivement , & lors qu'en
ôtant quelqu'une l'on verra qu'il
recommencera à mouvoir , il la
faut laiſſer dans la certitude qu'il
y en a de ſemblable cachée & ainſi
ſucceſſivement juſqu'à ce qu'on
ait ôté toutes celles qui n'arrêtent
pas le mouvement.

CHAPITRE VII.

*Par quel moyen l'on peut con-
noître la largeur des ſources
& des mines cachées.*

J'Ay déja établi cy-deſſus que la
baguette tourne en deſcendant
contre la terre toutes les fois que
l'on traverſe la ſource ou la mine,
& que lors qu'on les remonte &
qu'on à paſſé en travers l'eſpace
qu'elles occupent elle tourne en
remontent contre l'eſtomac , ce

principe suffiroit pour nous faire connoître d'abord la largeur de l'une & de l'autre. Mais comme la connoissance de la largeur est d'une necessité indispensable , soit parce que la mine ou la source large donnent plus d'esperance de leur abondance , soit aussi parce qu'on s'y peut tromper , d'autant qu'il y a des mines & des sources qui selon la disposition du terrein qui les renferme sont plus grosses & plus abondantes en de certains endroits qu'en d'autres , & qui s'étendent au fond des branches suivant qu'il est sablonneux , ou partagé par quelque pierre ou par quelque pointe de rocher ; nous n'avons pu éviter de faire un Chapitre separé de ce qu'on doit observer à cet égard.

La premiere chose qu'on doit remarquer pour trouver bien la largeur , c'est de tenir la baguette en la seconde & troisiéme maniere dont nous avons parlé au chapitre quatriéme , c'est-à-dire , couchée,

ou à demi couchée , soit parce
qu'en s'abaissant facilement en cette posture, elle suit mieux sa pente, soit aussi parce qu'en la tenant
droite, lorsqu'elle voudroit baisser,
elle pourroit tourner contre l'estomac de même que sur la longueur
de la source , & ainsi l'on pourroit se tromper si l'on ne la tenoit
en l'une des deux manieres que
nous avons dit.

Il y a une seconde observation
à faire pour distinguer la source
qui passe dans le sable ou dans le
gravier d'avec les autres especes
susdites ; c'est qu'il faut soigneu-
sement examiner si la baguette force également sur toute la largeur,
ou s'il y a des endroits ou elle force moins qu'en d'autres , au dernier cas c'est une marque qu'il se
perd une partie de la source dans ce
gravier ou dans le sable, & au premier qu'elle est dans le rocher, ou
dans une terre glaise qui ne luy
permet pas de s'étendre, ce qui sert
de beaucoup pour éviter l'inutile

& exceſſive dépenſe de creuſer
pour les ſources qu'on peut juger
par la profondeur & par l'aſpect
du lieu être dans le rocher.

Ayant obſervé ce que deſſus,
l'on en peut faire l'eſſay ſur un
pont, on verra que celuy qui y
paſſe en marchant lentement, &
tenant la baguette en la maniere
ſuſdite, à meſure qu'il y entrera,
& qu'il ſe trouvera perpendiculairement à l'oppoſite de la premiere
pierre de l'arc qui touche l'eau, ſa
baguette commencera à tourner
en baiſſant la pointe contre terre,
& tournera toûjours de même juſqu'à ce qu'il ſoit au bout du pont
perpendiculairement à l'oppoſite
de la premiere pierre qui touche
l'eau de l'autre côté de l'arcade :
Et d'abord que ſortant du pont il
outrepaſſera, le mouvement ſera
different en la baguette, & tournera en remontant contre l'eſtomac, comme ſi elle vouloit retourner ou ſe reünir à ce qu'elle
vient de quitter.

D vj

L'on peut encor faire la même épreuve sur une source conduite par des tuyaux dont on sçaura la grosseur & la largeur. On verra que l'eau qui est dans ces tuyaux n'a tout au plus que trois ou quatre pouces de large, & que la baguette ne tournera, ou ne laissera la pointe sur le travers qu'environ cet espace de trois ou quatre pouces. Et si l'on n'a pas la commodité d'une source pour faire cet essay. L'on pourra mettre de l'eau dans une bene, la couvrir d'un ais & l'enterrer d'un pied, ou de la profondeur que l'on voudra, & aprés passer dessus avec la baguette, & l'on verra le même effet que sur sur un pont, ou sur une source conduite par des tuyaux.

L'on peut se servir de la même épreuve pour les métaux, il ne faut qu'en mettre dans la même bene, en sorte que le fonds en soit couvert, & l'ō trouvera que la baguette baissera sur tout l'espace qu'occupent ces métaux, aprés quoy l'on peut hardiment tirer cette confequence que l'on trouve la largeur des mines & des mineraux de la mé-me maniere que celle des fources.

L'experience que nous venons de donner du pont ou de la fontaine conduite par des tuyaux, nous peut encor fervir pour nous apprendre à connoître quand nous fommes fur la longueur des fources & des mines, d'autant qu'apres avoir veu tourner en baiffant la pointe de la baguette fur la largeur ; fi nous remontons la fource, ou la riviere en traverfant le pont d'un garde feu à l'autre contre le cours, nous voyons tourner en remontant la baguette contre l'eftomac, ce qui nous fait connoître que nous fommes fur la longueur par la raifon que nous avons dit au Chapitre precedent.

Avant que de finir celuy-cy, je dois faire quelques reflexions qui nous marqueront encor mieux la neceffité de s'étudier à bien con-

noître la largeur ; La premiere
c'est qu'il se peut trouver des
sources qui sont entierement sur
la limite de deux fonds, & qui
les suivront même quelque distance coulans justement moitié
sur l'un, moitié sur l'autre, cela
peut encor arriver dans les endroits où l'on a plus d'envie de
les trouver, comme il n'est pas
permis de creuser sur le fonds du
voisin, en connoissant qu'une
partie de la largeur est dans le nôtre nous y pouvons creuser hardiment, & y attirer par l'ouverture que nous ferons, ou par la
pente que nous donnerons non
seulement la moitié de l'eau, mais
la source toute entiere.

La seconde concerne ceux à qui
la baguette tourne à mesure qu'ils
approchent de l'endroit qui renferme la mine ou la source, dautant que si par une longue experience, ils ne s'accoûtument à
distinguer le lieu de l'approche
de celuy de l'espace qu'elles occupent, ils prendront le plus sou-

vent le change , & creufant dans
le premier plûtôt que dans le dernier, pour des fources ou des métaux qu'ils croyent de trouver,
ils n'auront que la confufion d'a-
voir perdu leur peine en creufant
mal à propos.

Pour l'éviter il faut confiderer. 1°. que dans l'approche la
baguette nous tourne prefque fur
toutes chofes dans une égale diftance, & de même de chaque côté du travers. Si par exemple aux
fources ou aux chofes cachées qui
nous font connuës , nous remar-
quons qu'à leur approche elle
nous tourne de deux ou trois
pieds de chaque côte , nous pouvons juger par cette diftance de
celle des chofes qui ne nous font
pas connuës. 2°, que la baguette
ne force jamais tant , dans l'approche que fur la largeur. Il y en
a mêmes qui ne reffentent qu'un
tres-petit mouvement lors de ces
approches, ainfi il ne leur eft pas
difficile de diftinguer l'endroit ou

elle ne force pas de celuy ou elle
force. 3°. Il faut mesurer de chaque côté de la mine ou de la source la distance qui nous est ordinaire pour le mouvement de l'approche , & aprés prendre le milieu qui sera sans doute l'espace
de la largeur , & celuy où la baguette force davantage. 4°. pour
se bien asseurer si cet espace est
celuy deluy de la largeur, il faut
sçavoir que lors qu'on remonte
ou que l'on descend une mine,ou
une source, la baguette ne donne
du mouvement que sur le veritable espace qu'elles occupent, ainsi
l'on n'a qu'à remonter l'espace
qu'on a marqué, & si la baguette
y continue le mouvement , c'est
une marque certaine que l'on est
sur la largeur, & que c'est de cet
endroit que nous devons chercher la profondeur comme nous
le dirons à la suite.

La troisiéme reflexion est pour
ceux à qui la baguette tourne ordinairement en remontant con-

ter l'eftomach, dautant que fi bien
leur mouvement qui eft imparfait & irregulier, ne femble pas
être fuffifant pour leur indiquer
la largeur, il y a pourtant des
moyens par lefquels ils peuvent
s'en affeurer, comme ceux dont
le mouvement eft irregulier.

Le premier eft de s'affurer comme deffus par les deux côtés de
la fource ou de la mine des endroits ou la baguette leur force
moins, & de marquer avec des
picquets ceux ou le mouvement
commence d'être plus rapide, &
la diftance qu'il y aura entre ces
deux piquets fera celle de la largeur. Et s'il ne s'y en trouve point
parce que de chaque côté la rapidité du mouvement ne commence qu'au même endroit, ou dans
le lieu où l'on a planté le premier
piquet, c'eft une marque certaine que la fource ou la mine font
tres-petites, ou qu'elles font refferrées en cet endroit, puis qu'elles occupent fi peu d'efpace.

Le second, c'eſt que quand ils auront trouvé la largeur, vers ce premier piquet, ou dans le milieu des deux, pour s'en bien aſſu-rer ils doivent auſſi remonter la mine ou la ſource comme deſſus & ſi la baguette leur donne du mouvement, c'eſt une preuve par la maxime que nous y avons rap-portée qu'ils ſont ſur la veritable largeur, & ainſi en remontant la mine, ou la ſource, ils n'ont qu'à ſortir de chaque côté de l'eſpace que fait la largeur, & y marquer avec un piquet, chaque extremi-té, ou le mouvement leur aura ceſſé, & la diſtance de ces piquets fera encor celle de la largeur, c'en eſt une marque d'autant plus con-vaincante, ſi cette diſtance ſe trouve égale à celle des deux pre-miers piquets qu'on a planté.

Je ne doute point qu'on ne ſoit en peine de ſçavoir pourquoy la baguette donne du mouvement aprés qu'on a traverſé la largeur en droite ligne, & pourquoy elle

n'en donne aucun quand on en
fort obliquement en montant ou
en defcendant, mais cette difficulté ceffera fi l'on veut confiderer
qu'au premier cas l'homme qui
marche de front entraine avec foy
des particules fubtiles de la fource,
ou de la mine , qui fe voulant réu-
nir à celles qu'elles ont quittées
continuent le mouvement de la
baguette par l'effort qu'elles font
en s'en retournant, ainfi qu'il fera
plus particulierement obfervé en
quelqu'autre endroit , mais au fecond comme l'homme en fort de
côté , ces particules au lieu de le
fuivre au moment qu'il eft à l'extremité de la largeur s'efquivent
ou fe gliffent & fuivent la pente
naturelle des autres.

La demonftration de cette verité fe voit en ceux qui mettent un
bâton ou quelque baguette platte
dans les flammes, s'ils les font tra-
verfer en droite ligne par cette
baguette du côté qu'elle eft platte,
elle n'en fçauroit fortir fans en

entrainer une partie avec elle pendant quelque espace , mais si l'on luy fait suivre les flammes par l'endroit ou elle est la plus deliée & sortir aprés d'un côté ou d'autre en remontant , elle n'entraine avec elle que peu ou aucunes de de ces particules , parce que celles qui la touchent s'esquivent à la sortie ; & rejoignent les autres dont elles suivent la pente.

La derniere reflexion que nous avons à faire est concernant ceux à qui la baguette ne donne du mouvement que sur de certaines especes , & non sur toutes , dautant que lors qu'ils voudront faire les experiences dont nous avons parlé cy-dessus. S'ils ne trouvent pas leur conte , ils se rebuteront & les croiront fautives ; ou que leur mouvement n'est pas suffisant pour faire des découvertes , mais cela ne les doit point rebuter , au contraire , je leur conseille de s'assurer par plusieurs experiences des choses à quoy leur mouvement est propre , & les ayant connu de ne ſe tenir qu'à la découverte des eſpeces qui leur ſont particulieres. Et comme horſmis ceux qui ont cette faculté dans ſa perfection, il y a preſque autant de differentes ſortes de mouvemens que de temperamens entre les hommes. Pour connoître la difference du leur d'avec celuy des autres, ils doivent s'eſſayer autant qu'ils le pourront avec leurs amis ſur qui la baguette donne auſſi du mouvement & par ces differentes épreuves ils connoîtront certainement à quoy ils ſont propres , & ſe formeront une route ou une certaine habitude, pour ſe ſervir , ou pour employer utilement leur talent.

CHAPITRE VIII.

Par quel endroit l'on peut connoître la profondeur des ſources & des metaux.

LA connoiſſance de la largeur des ſources & des mines eſt

inutile fans celle de la profondeur, cette derniere eft même de plus grande importance , fans elle on ne peut mefurer fa dépence avec le benefice qu'on prétend recevoir de la chofe dont on veut faire la découverte , fi le métal eft trop profond , ou dans des rochers de difficile accés , la peine ou la dépenfe excedent le profit qu'on peut recevoir de fa poffeffion. Si la fource n'eft pas dans une élevation proportionnée à la pente que nous luy voulons donner fa découverte nous eft moins profitable que nuifible. Il faut donc neceffairement tâcher autant qu'on le peut de découvrir au jufte la diftance de la profondeur, & comme les Chapitres precedens ne nous ont donné qu'une idée confufe de la maniere dont il s'y faut prendre , celuy-cy nous apprendra les maximes qu'on y doit pratiquer & les experiences neceffaires pour nous en éclaircir

La premiere, c'eft que quand on a trouvé la largeur d'une fource

ou d'une mine , & que l'on connoît par le mouvement contraire
que la baguette commence à donner en remontant contre l'eſtomac
qu'on eſt à ſon extremité. L'on
doit marquer avec un piquet l'endroit ou l'on a commencé de reconnoître ce contraire mouvement
& aprés marcher lentement depuis
ce piquet juſqu'à ce qu'on ait encor remarqué que ce mouvement
vient à ceſſer, alors on doit encor
marquer cet endroit par un ſecond
picquet , & aprés l'on n'a qu'à me-
ſurer depuis ce dernier juſqu'au
premier , & l'on trouvera la profondeur dans la diſtance qui les ſe-
pare , je veux dire qu'il y aura autant de pouces , de pieds , ou de
toiſes , depuis la ſuperficie de la
terre juſqu'à l'endroit qui renferme la choſe cachée, comme il y en
aura depuis un piquet juſqu'à l'autre.

La ſeconde choſe neceſſaire pour
bien trouver la profondeur , c'eſt
de tâcher de s'aſſurer par quelque
ſigne que l'épreuve que nous ve-

nons de faire n'eſt pas fautive. Le premier c'eſt de la chercher de l'autre côté de la largeur , & d'y planter deux piquets de la même maniere pour voir ſi les diſtances ſeront égales ; ce qui eſt une veritable marque de la profondeur. Le ſecond c'eſt qu'on s'arrête un peu dans l'endroit ou la baguette reſte immobile , pour s'aſſurer qu'elle n'a plus de mouvement , & aprés il faut s'avancer encor un pas ou deux , & ſi la baguette vient à tourner en baiſſant , comme ſur la largeur , ce contraire mouvement nous marque infailliblement que l'endroit que nous venons de quitter eſt celuy de la profondeur. Le troiſiéme c'eſt qu'aprés avoir avancé encor ſept ou huit pas au de la de ce ſecond piquet , nous devons revenir ſur nos pas juſqu'au premier planté , & ſi l'eſpace marquée eſt la veritable profondeur , la baguette reſtera toûjours immobile juſqu'à ce que commençant d'outrepaſſer le premier piquet planté nous entrerons dans la largeur.

Je ne doute point que ces fignes ne furprennent beaucoup de gens, mais outre la raifon que nous en donnerons dans un autre Chapitre, l'on peut s'en affurer par l'experience que nous avons rapportée cy-deffus d'un pont , ou d'une fource conduite par des tuyaux : Nous y verrons que tant que nous marcherons fur le pont en tenant la baguette, en la feconde ou en la troifiéme maniere , elle tournera en baiffant contre terre comme nous l'avons dit, mais au moment que nous commencerons à fortir du pont , elle tournera en remontant contre l'eftomac , jufqu'à ce que nous foyons à la diftance qu'il y a dépuis la fuperficie du pont jufqu'à l'eau , aprés quoy elle reftera fans mouvement , & fi nous étant un peu arrêté dans cet efpace, nous voulons l'outrepaffer d'un pas , la baguette reprendra fon mouvement pour un peu de tems, & ce mouvement fe fera comme fur la largeur. C'eft à dire qu'elle tournera en baiffant contre terre :

E

Et si l'on veut aprés trouver la justesse de cette experience, l'on n'a qu'à prendre un cordeau, & aprés avoir mesuré dépuis la superficie du pont jusqu'à l'eau, l'on trouvera la même distance dépuis l'extremité du pont jusqu'au premier endroit où le mouvement aura cessé.

Cette demonstration doit servir pour toutes les choses cachées, il y a pourtant cette observation à faire à l'égard des sources qu'on ne peut discerner leur profódeur aussi juste qu'on vient de le marquer, dautant que l'eau qui passe sous un pont est resserrée & limitée par les extremités de l'arcade, mais celle des sources, outre son canal ordinaire, imbibe & humecte de plus une partie de la terre qui est aux environs horsmis qu'elle ne soit dans le rocher de sorte que pour eviter de se tromper en ce cas, il faut toûjours augmenter la distance du piquet d'un pied, ou d'un pied & demi tout au plus, suivant sa grandeur.

Pour plus de feureté l'on fait encor la même augmentation à l'égard de mines & des autres chofes cachées, non feulement parce qu'on ne marche jamais fi jufte qu'on ne puiffe bien fe manquer de cet efpace, foit en avançant trop, ou trop peu le pied ou le refte du corps, foit auffi parce que fuivant que l'air eft fubtil, ou qu'il eft épais, les particules des corps qui caufêt ce mouvement, fe pouvant étendre, ou fe tenir refferrées dans leurs limites, elles peuvent en s'étendant donner à la baguette un faux mouvement avant qu'on foit fur la largeur, & fans une grande experience, elles en font manquer le veritable endroit, & par confequent celui de la profondeur que l'on ne tire que fur les extremités de la largeur, & comme cet erreur ne peut être confiderable parce que ces particules ne s'étendent pas fort loin, c'eft ce qui nous a porté de dire que pour éviter de fe tromper, il faut tout au plus ajoûter un pied & demi. L'on a veu au chap. precedent lorfque nous avons parlé de ceux à qui la baguette tourne dans l'approche de la chose cachée une marque que les parties qui s'exhalent des corps s'écartent de leur veritable situation, ainsi je ne m'étendray pas davantage à procurer la necessité de cette augmentation, d'un pied ou d'un pied & demi, suivant les endroits ou l'on doit creuser.

Il faut encor remarquer que la connoissance de la profondeur peut être interrompuë par quelque mine, quelque filon, quelque source ou quelque branche qui se trouve dans la distáce qui la doit marquer. Pour s'en éclaircir il faut faire son experience d'un autre côté, par exemple si depuis la source ou la mine que l'on a trouvé on a marché pour la profondeur & l'on s'est trouvé interrompu du côté du Soleil levát, il faut revenir sur les pas, traverser la largeur du côté du couchant, marquer son extremité avec un piquet, & depuis cet endroit marcher lentement jusqu'à ce que l'immobilité de la baguette

nous faſſe connoître la profondeur
& qu'elle ſoit confirmée par nôtre
retour à la largeur ſans aucune interruption; que ſi nous en trouvons
encor de ce côté, côme ce ne peuvent être que des branches d'une
même ſource , ou des veines d'une
même mine qui ſont ſeparées , ſi le
lieu le permet il en faut ſuivre une
en remontant, juſqu'à ce que nous
ayons trouvé la ſource ou le tronc,
ou ces deux filons, ou bien ces deux
branches, ſe trouvans réünies, nous
y pouvons ſans obſtacle trouver la
veritable profondeur en la maniere que deſſus.

Mais ſi le lieu ne nous permet pas
de ſuivre ces branches, comme ap-
paremment elles ſont de même
profondeur , nous ne la pouvons
trouver qu'en plantant le premier
piquet à l'extremité de la largeur
de l'une de celles qui ſont aux extremités, & le ſecond à l'endroit ou
ceſſera le mouvement de la baguette, & aprés en avoir fait autant vers
celle qui eſt à l'autre extremité. Si
les deux diſtances de profondeur

ſe trouvent égales, il faut conclurre que cette égalité en eſt la veritable marque: mais s'il y avoit quelque diſproportion au de là d'un
pied elle ne peut être cauſée que
par quelqu'autre ſource , ou quelqu'autre branche dans l'entredeux.
Ce que l'on doit bien verifier, pour
tâcher de ramaſſer toute la ſource
& ſes branches; autremét l'on peut
comme il arrive ſouvent ne prendre qu'une branche & laiſſer la veritable ſource plus profond , &
rompre par là les meſures qu'on
avoit priſes de la faire fluer à proportion de la pente que pourroit
avoir cette branche.

Voilà le ſeul moyen pour connoître la profondeur dans les endroits ou la connoiſſance en eſt interrompuë par des branches de
ſource ou par des filons de mine,
que ſi cette interruption vient de
quelqu'autre choſe de caché, comme métal, limite, &c. Il faut ſe tirer
plus haut ou plus bas de l'eſpace
qui l'a renferme, & aprés l'on aura
un champ libre pour trouver encor

la profondeur. En un mot pour bien s'éclaircir de la profondeur d'une source ou d'une mine il faut neceſſairement repaſſer quatre fois ſa largeur ſçavoir une fois de chaque côté de la ſource ſur le travers en s'en éloignant, & une autre fois auſſi de châque côté ſur le travers en s'en approchant, pour découvrir ſi quelqu'autre branche, ou quelqu'autre choſe cachée ne nous interrompent point la découverte de la profondeur.

L'on doit encor obſerver à l'égard de la profondeur des mines que ſuivant que les veines, ou les filons vont à fil droit, ou qu'elles ſuivent les veines de la terre ou les fentes du rocher qui leur ſont propres, elle eſt beaucoup moindre en de certains endroits qu'en d'autres. Par exemple une mine dont le tronc ſera dans une montagne, & dont les veines iront à fil droit ſera beaucoup moins profonde dans les deux pentes de la montagne, qu'au ſommet, & au contraire, celle qui ſuit les

veines de la terre, ou les fentes
du rocher, le fera beaucoup moins
dans le fommet, qu'aux deux extremités de la montagne, fuivant
la difpofition defdites veines ; ce
qu'on doit encor foigneufement
obferver en fuivant le filon, afin
de découvrir par ce moyen les autres branches en cas qu'il y en
ait, & d'éviter l'exceffive depen-
fe en creufant dans les endroits
qu'on jugera les plus commodes,
& où l'on la trouvera plus large
& plus abondante.

Quand à la profondeur des metaux & autres chofes cachées, il
fuffit de trouver l'efpace qu'elles
occupent, comme il n'y a n'y veine n'y filon à fuivre, d'abord
qu'on a trouvé le lieu du mouvement. On la peut verifier par
quatre endroits differents, c'eft-
à-dire des deux extremités de la
longueur, & des deux de la largeur, & aprés avoir planté un
picquet au chacun de ces quatre
endroits l'on les doit doubler au
chacun lorfque le mouvement

contraire ceſſera , & s'ils ſe trouvent tous , dans l'eſpace qui doit
marquer la profondeur , à peu
prés d'une égale diſtance , l'on
peut s'aſſurer à un pied , ou un
pied & demy prés , que la choſe
cachée eſt dans cette même diſtance de profondeur.

S'il y a dans terre pluſieurs choſes cachées dans un même eſpace,
mais plus profond les unes que
les autres , il faudra prendre la
diſtance de la profondeur la plus
éloignée , parce qu'en creuſant ,
on les trouvera ſucceſſivement les
unes aprés les autres , autrement
l'on ceſſeroit de creuſer d'abord
à la premiere eſpece qu'on trou-
veroit croyant qu'il n'y en a pas
d'avantage , & l'on pourroit laiſſer les autres eſpeces deſſous , ou
plus profond.

Les preceptes que je viens d'a-
vancer ſont certains & ſi quelqu'un veut creuſer dans quelque
endroit où il croira d'avoir découvert quelque choſe , pour s'en
éclaircir , il peut avant que de

creuſer cacher quelques metaux, ou quelqu'autre choſe de cette nature ſous une voute en deux differents endroits ; & aprés en faire l'eſſay par luy ou par quelqu'autre, & il verra qu'il pourra diſtinguer les eſpeces, en obſervant tout ce que j'ay dit , la longueur, & la largeur qu'elles occupent de même que la profondeur ; mais il doit prendre garde que dans ces voutes ou ſous elles , il n'y ait quelque fer ou quelqu'autre metal attaché, parce qu'on voit bien que cela n'auroit à ſon experience, à moins qu'il ne fît auſſi toucher à la baguette du fer ou de cet autre metal.

CHAPITRE IX.

Si l' on peut connoître au vray, la groſſeur des ſources ou des mines.

PRefque tous ceux qui ſe mêlent de faire tourner la baguette, & qui pretendent avoir quelque connoiſſance de ſon mouvement , s'imaginent de pouvoir découvrir à peu prés la groſſeur d'une ſource ou la grandeur d'une mine par la rapidité, ou par la lenteur de ſon mouvement, ils croyent qu'aux endroits ou ils le trouvent plus prompt, & ou elle force davantage, la ſource, ou la mine y ſont plus abondantes, & que quand il eſt preſque imperceptible, c'eſt une marque de leur petiteſſe, & de leur ſterilité.

Ces principes ſont certains, mais il ne ſont pas concluans, je veux dire qu'ils ne ſont pas ſuffiſans pour découvrir au juſte la quantité d'une ſource ou d'une mine, je conviens qu'il y a des endroits ou le mouvement eſt plus lent qu'en d'autres, qu'il y en a encor où la baguette tourne malgré la reſiſtance que nous nous pouvons faire en la ſerrant pour l'arrêter, & qu'il y en a d'autres où l'on l'arrête facilement pourveu qu'on la ſerre un peu plus qu'à l'ordinaire, mais cela ne peut jamais ſervir pour nous faire connoître la veritable quantité des

E vj

chofes cachées. Nous pouvós bi en
à vûë d'œil par la connoiſſance
du terrein, qui ſera dans un rocher, ou dans un lieu marécageux,
juger que la ſource ſera ou plus,
ou moins abondante; mais cela ſert
moins à nous indiquer la veritable
quantité qu'une difference du plus
au moins ſuivant que ce mouvement eſt plus ou moins rapide.

En un mot tout ce dont on peut
juger, c'eſt qu'il y a une certaine
meſure ou quantité de matiere juſqu'à laquelle le mouvement eſt
toûjours lent, & qu'au delà de cette meſure il y en a une autre qui
le rend par tout également rapide.
maïs cela ne conclud rien pour la
quantité, dautant que d'abord
que le mouvement a atteint ſa rapidité nous connoiſſons moins ſa
quantité que ſa violence, de même
que lors qu'il eſt lét nous connoiſſons moins ſa meſure que ſa léteur.

Tout ce qui peut fortifier cette
opinió, c'eſt que la matiere ſe trouvant en petite quantité ne peut
produire que peu de parties ſubti-

les , que ce peu de parties ne peut jamais produire une ſi grande impreſſion que lorſqu'il s'en exhale beaucoup d'une matiere abondante Nous pouvons donc juger de la force de cette impreſſion par rapport de l'une à l'autre , mais nous ne pouvons jamais connoître le plus ou le moins dé la legereté non plus que de la rapidité, parce que ces parties ſubtiles étans comme imperceptibles à nos ſens ,nous ne pouvons jamais au juſte conoître le degré de l'impreſſion quelles leur donnent, cette connoiſſance eſt reſervée pour celuy ſeul qui eſt eſt le maître des corps & des eſprits.

Par exemple ſi nous paſſons ſur une ſource de la groſſeur d'un doigt ou d'un pouce, nous ſentirõs un mouvemét lent, non ſeulement par le peu d'eſprits qui peuvent être dans un ſi petit eſpace , mais auſſi par la contrarieté qui ſe fait du mouvement de la largeur avec celuy de la profondeur , comme le paſſage de l'un à l'autre eſt imperceptible le premier des deux mouvements l'eſt auſſi , & eſt arrêté en quelque façon par le dernier , où la baguette le trouve avant qu'on ait à peine remarqué le premier : Mais ſi nous paſſons ſur une ſource comme la jambe, ou comme le bras , il y a aſſés d'eſpace pour s'appercevoir du mouvement de la largeur ſans qu'il ſe confonde avec celui de la profondeur, & nous avons peine d'y arrêter le mouvement de la baguette , de même que ſi nous paſſons ſur une riviere ou ſur un fleuve , l'on en peut faire l'experience en paſſant ſur le pont d'une riviere à porter batteau, ou ſur celuy d'un aqueduc ou d'un ruiſſeau qui fait tourner un moulin, & l'on y trouvera par tout un mouvement également rapide.

L'on peut encor faire une demonſtration qui prouve qu'on ne connoît point au juſte la quantité des metaux , ſi l'on cache , par exemple , cinq Loüis d'or en un endroit , & quinze en l'autre, lors qu'on portera la baguette fur le chacun de ces deux endroits, elle y forcera également fans qu'on la puiffe arrêter, bien que la matiere d'un côté excede des deux tiers celle de l'autre.

Ce qui me porte à conclurre qu'on ne peut jamais connoître au vray le degré de la quantité des chofes cachées, de même que celuy de l'impreffion que nos efprits ont receuë, & qu'au moment que la baguette à atteint un degré de violence fur une fource ou fur un metal, nous connoiffons moins la quantité de ceux-cy que la violence de celle-là, de même qu'au momét qu'elle en a atteint un de lenteur, nous connoiffons plûtôt fa lenteur que la mefure de la chofe qui la caufe.

CHAPITRE X.
De la maniere de découvrir les limites & les chemins ou fentiers.

CE n'eft pas fans raifon que les Payens qui fe formoient des

Dieux fuivant leurs neceffités en avoient choifi un pour les limites, qu'ils appelloient le Dieu Terme. Il paroît quelque chofe de fi divin en leur plantement & en leur confervation, la maniere de les découvrir eft' fi furprenante, qu'il femble d'abord que l'efprit humain manque de forces pour s'élever à la penetration des caufes qui peuvent produire des effets fi extraordinaire. En effet qui pourroit croire fi l'experience journaliere ne nous l'apprenoît, que la baguette tourne fur les limites de même que fur les fources & fur les metaux ; & qu'un efpace qui de foy ne pouvoit donner aucune impreffion, d'abord que par la main ou par la deftination de l'homme elle aura changé de lieu, & fera plantée pour feparer ou pour borner les fonds de deux particuliers, cette même pierre femble s'animer de même que l'efpace qu'elle occupe en longueur, & acquiert par cette deftination ou ce plantement une vertu & une qualité qu'elle n'avoit pas auparavant. Cependant cela est certain & en attendant d'en rapporter en quelqu'autre endroit la raison naturelle, nous établirons en celuy-cy selon que l'experience nous l'a appris , les maximes que nous devons tenir pour decouvrir les limites cachées , leur profondeur & le lieu ou elles doivent être , quand par le dol des proprietaires elles auroient été transplantées.

La premiere maxime qu'on doit observer pour la découverte des limites , c'est qu'en tenant la baguette couchée , ou à demi couchée, elle tourne au moment que nous sommes sur la limite, & sur toute l'espace entre deux qui sert de separation depuis une limite jusqu'à l'autre , quand même il n'y auroit aucune trace pour la marquer. Mais il faut observer que le mouvement qui se donne sur la limite ou sur

sur la largeur de la separation est different de celui qui se donne sur la longueur. Sur la limite ou sur la largeur, elle tourne toûjours en baissant, & sur la longueur toûjours en remontant 'sur l'esto-mac, comme si l'on suivoit une source ou un filon de mine.

La seconde c'est que la baguette tourne aussi bien sur la limite apparente que sur la cachée, & non seulement sur le lieu, où elle est, mais encor dans celui où elle devoit être au cas que l'on l'eût transplantée, de même que dans tout l'espace qu'elle devoit occuper en longueur, ce qui nous indique, & nous sert à reconnoître le veritable lieu de la separation, lorsque la limite à été changée sans le commun consentement des proprietaires.

La troisiéme, c'est que de même que le métal arrête le mouvement pour le métal, le linge baigné pour l'eau, &c. de même aussi une piece de limite, soit de celle que l'on cherche, ou d'une autre, pour-

veu qu'elle foit d'une veritable
limite, ou quelque peu de la terre
que l'on trouve dans l'efpace de
de la longueur des limites arrête
le mouvement pour les limites, fi
on les fait toucher à la baguette.
De forte qu'au moment que la
baguette tourne en quelque endroit, fi l'eau, les métaux & les autres efpeces ne peuvent arrêter fon
mouvement, il lui faut faire toucher de la terre ou d'une pierre de
limite, & fi elle s'arrête conclurre
avec certitude qu'il y a une limite dans cet efpace, & quand on l'a
découvert on peut ôter ce morceau de pierre ou de terre, & fuivre fans obftacle la longueur ou
la feparation que la limite fait ,
par le mouvement que la baguette donnera en remontant contre
l'eftomac , & trouer le lieu de fa
veritable fituation par celui qu'elle y donnera en baiffant contre
terre.

Mais afin de ne point prendre le
change dans les caufes du mouvement , il faudra fe precautionner

de faire toucher à la baguette des
autres especes, de crainte que s'en
trouvant quelqu'une, comme il
peut être dans l'espace de la limite elle ne nous fit faire une experience fautive, lorsque pour la reconnoître nous voudrons essayer
si la pierre ou la terre de limite
arrête le mouvement, & comme
il y a plus de sources que d'autres
choses en terre, il faudra donc par
consequent se precautionner
principalement d'un linge baigné au bout de la baguette, de
crainte que l'eau ne continuât le
mouvement que la terre de limite
arrêteroit, de même que l'on se
precautionne de pierre, ou de terre de limite, lorsqu'on cherche une
source, ou une mine le long des
limites, de crainte que la limite
ne continue le mouvement que
l'eau ou le métal auront arrêté.

Il y a une quatriéme maxime
qui est assez curieuse pour découvrir au juste la separation de
deux fonds, c'est que la baguette
ne tourne jamais que sur la veri-

table limite ou fur la veritable feparation. Ainfi quand on a dé-couvert l'endroit de la limite par le défaut de mouvement de la baguette en la touchant de la terre, ou d'une pierre de limite. L'on peut connoître fi la limite eft dans fon lieu naturel, ou fi l'on l'a changé. D'autant que fi elle eft veritablement dans l'endroit où la convention des parties la pla-cée, la baguette tournera en baif-fant fur la limite, & en fuite elle tournera en remontant, pendant tout l'efpace de la longueur juf-qu'à l'autre limite, mais fi elle n'eft pas dans fon lieu, elle ne tournera en baiffant que fur la limite, & fera fans mouvemét pendant tout l'efpace de la fauffe longueur juf-qu'à l'autre limite, quand même il y auroit une trace entredeux, & lors qu'elle paffera fur la verita-ble longueur, c'eft à dire fur le lieu qui devoit faire la veritable feparation par le premier plante-ment de limites & par la conven-tion des parties, elle tournera en baissant lorsque l'on traversera cette longueur, & en remontant contre l'estomac lorsque l'on la suivra. Et l'on ne pourra l'arrêter qu'en lui faisant toucher de la terre de cet endroit, ou une pierre de limite. Ce qui nous marque au juste le veritable endroit de la limite ou separation, d'autant mieux qu'une pierre indifferente, ou de la terre qui en est à deux ou trois pieds, ou de celle de la fausse separation ne pourront point arrêter le mouvement, comme une pierre de limite ou de la terre de cet endroit.

L'on peut faire la preuve de ces veritésr sur les limites connuës, & comme nous avons dit cy-dessus que non seulement la terre ou un morceau de pierre de la limite qu'on cherche arrête le mouvement, mais encor un morceau d'une veritable limite de quelque endroit qu'elle soit, nous pouvons encor nous servir de cet essay sur les limites apparentes pour distinguer les veritables d'avec les faus-

ſes, d'autant que ſur les premieres
la baguette tourne, & ſon mouvement ne peut être arrêté , qu'en
lui faiſant toucher une pierre ou
de la terre de limite , mais ſur la
fauſſe elle ne tourne jamais ſoit
qu'elle touche ces choſes , ou
qu'elle ne les touche pas.

Ce qui nous doit en paſſant
faire admirer la Divine providence , & la bonté du Dieu de paix,
qui par une ſageſſe incomprehen-
ſible a imprimé juſqu'aux moindres choſes de la nature des marques du principal éloge qu'il porte, & des ſignes ſi certains pour la
conſerver entre les hommes, qu'il
n'eſt pas en leur pouvoir de changer une limite ſans qu'on ne le
connoiſſe par ce que nous avons
dit cy-deſſus, & comme leur pre-
cautions ſont inutiles contre ce
ce qui a été ſi ſaintement établi, ſi
l'un d'eux ſçachant que la baguette tourne ſur une veritable
pierre de limite de quelque nature qu'elle ſoit en avoit arraché
une de quelque endroit pour la

tranſplanter au lieu qu'il voudroit uſurper, ſa fourberie ſe
connoîtroit en ce que la baguette donneroit veritablement du
mouvement ſur cette limite, mais
elle n'en donneroit pas ſur la ſeparation, ou ſur la longueur
qu'elle doit marquer d'une limite
à l'autre.

Ce que nous venons de dire eſt
plus que ſuffiſant pour nous apprendre à trouver les limites, &
l'on n'y peut rien ajoûter, ſi ce
n'eſt que lors qu'elles ſont couvertes leur profondeur ſe découvre de même maniere que celles
des ſources & des mines, & qu'a-
prés avoir traverſé la largeur des
limites, le mouvement contraire
de la baguette ceſſe à la diſtance
de leur profondeur de même qu'à
celle des ſources & des mines.

La même Providence qui a
donné le moyen de connoître les
limites pour conſerver la paix
entre les hommes, nous a auſſi
donné celui de connoître les
chemins qui ſervent à leur com-
muñica

munication & à leur focieté par
les mêmes maximes , je veux dire
que la baguette tourne en baiffant
quand on les traverfe, foit que ce
foit des grands chemins ou des
fentiers,& en remontât lorfqu'on
fuit leur longueur,& l'on ne peut
de même l'arrêter qu'en lui fai-
fant toucher un peu de la terre du
même chemin,ce qu'on doit exa-
ctement obferver , pour ne pas
nous tromper, lorfque nous cherchons quelque fource , quelque
mine , ou quelque métal dans un
chemin,dautant que fi l'eau ou le
métal , ou les autres efpeces n'arrêtent pas la baguette, il faut lui
faire toucher un peu de la terre
du chemin , pour fçavoir , fi ce
n'eft point ce qui caufe la conti-
nuation de ce mouvement.

CHAPITRE XI.

*Des diverfes caufes du mouvement
de la baguette.*

LE mouvement de la baguette
à quelque chofe de fi extraor-

dinaire & de si surprenant , que l'on ne doit pas s'étonner si l'on raisonne si differemment sur les causes qui le peuvent produire, les uns l'attribuent à la simpathie,& sans nous apprendre ce que c'est, ils expliquent une difficulté par une plus grande , & nous plongent dans l'embarras plûtôt que de nous en tirer. Les autres le traitent de chimere,& contre ce que l'experience nous enseigne continuellement,ils disent qu'il est faux, & qu'il consiste moins en une action naturelle qu'en une souplesse, ou une volubilité de mains.

Enfin il y en a d'autres qui manquant plûtôt de penetration que de connoissance dans les causes physiques & naturelles,attribuent au sortilege & aux esprits de l'air tout ce qui est au dessus de leur porté ; & sans considerer que ce n'est pas un moindre peché d'accuser d'imperfection l'ouvrage du grand Architecte,que de recourir sans necessité aux intelligences spirituelles pour suppleer à ces pretenduës imperfections. Ils recourent à des esprits' dont ils defendent eux mêmes l'accés, & cõme la connoiſſance en eſt encor plus difficile que celle de ce qu'ils negligent de ſçavoir, ils peuvent ſans peine leur attribuer toutes les fonctions dont ils ont beſoin pour ſoûtenir leur opinion, & à la faveur des diverſes operations qu'ils leur dónent ſe tirer de l'embarras ou leur negligéce les à mis.

Sur ce principe ils diſent d'abord que ce mouvement eſt ſurnaturel & ſans examiner, qu'il eſt toûjours égal, que ſon effet ne varie point, & que l'Aymãt n'attire pas mieux le fer, les choſes peſantes ne tendent pas mieux en bas, ni les legeres en haut, que la baguette tourne lors que l'on eſt ſur une ſource, ou ſur une mine, ils ſoûtiennent hardiment qu'il faut que le diable s'en mêle, & quoy qu'il ſoit la plus malheureuſe de toutes les creatures ; ils luy font l'honneur de luy attribuer un effet qui n'eſt que l'ouvrage de la Divinité.

D'ailleurs il n'eſt perſonne qui ne convienne que les operations des eſprits dépendans d'une volonté muable ſont inconſtantes & ſujettes au changement comme elle. Et comme ils agiſſent plûtôt par caprice que par neceſſité , leurs operations ſont toûjours diverſes, ce qu'on ne trouve jamais en celles de la nature, l'Aymant a toûjours attiré le fer, le feu a toûjours tendu en haut, la terre a toûjours tendu en bas, & la baguette a toûjours tourné lorſqu'on l'a porté ſur des matieres propres à luy cauſer du mouvement.

Je ſoûtiens donc que le mouvement de la baguette n'a rien où les cauſes phyſiques ne puiſſent atteindre, & ſi l'on les veut penetrer ſans prevention d'une opinió qu'on à d'abord avancé ſans en prevoir les conſequences, ou ſans ſe vouloir ſauver à la faveur du peu de connoiſſance des cauſes ſurnaturelles. L'on découvrira trois choſes. La premiere que ſi ce mouvement ſe faiſoit par les

esprits de l'air, ce ne pourroit être
qu'en vertu d'un pacte exprés ou
tacite. Cette baguette tourne à des
enfans , a des gens si pieux qu'on
ne peut sans crime les accuser d'a-
voir fait un pacte exprés. On peut
encor moins les accuser du tacite,
parce qu'en y renonçant de tout
leur cœur, comme ils feroient sans
doute entant que de besoin, il re-
steroit sans effet, & le mouvement
de la baguette cesseroit , ce qu'il
ne fait jamais , soit qu'ils y re-
noncent ou non.

La seconde, c'est que si le demon
s'en mêloit , la baguette tourneroit à tous les hommes, parce qu'il
n'y a point de raison qui d'eût
l'obliger de preferer les uns aux
autres, & cependant nous voyons
qu'il y a plus de la majeure partie
voire des trois quarts à qui elle
ne produit point cet effet.

La troisiéme chose que l'on découvrira , c'est qu'il n'y a rien
d'imparfait dans la Nature , que
tous les corps ont des moyens ou
des signes exterieurs qui les font

connoître interieuremét, la feüille
& l'ecorce de l'arbre font les marques de fon efpece, la fleur l'eft du
fruit qu'il doit porter , & les ra-
maux & le tronc le font des racines qui font cachées , toutes ces
differentes chofes étant portées
aux fens exterieurs de l'homme
par les efpeces qui en emanent lui
fervent fubordinement pour les
lui faire diftinguer, de même que
l'impreffió que fes fens interieurs
reçoivent pour les chofes cachées,
lui fert pour les lui faire connoître par le mouvement de la baguette.   Ces deux connoiffances
n'ont pas une fenfation plus fur-
naturelle l'une que l'autre , & à
moins que d'attribuer encor aux
efprits de l'air , celle que nous
avons des plantes & des autres
corps de la Nature , l'on ne peut
point leur donner la direction de
celle que nous recevons par le
mouvement de la baguette.

Pour bien éclaircir cette verité,
il faut pofer quelques fondemens
qu'en faine Philofophie l'on ne

contestera pas. Le premier c'est qu'il émane ou il s'exhale generalement de tous les corps quelques particules subtiles qu'on pourroit à bon droit appeller esprits, si elles ne venoient de la matiere. Les substances corporelles n'auroient pas besoin d'alimens pour l'entretien de leur individu, s'il ne leur falloit éviter leur ruine totale en reparant les brêches qu'elles reçoivent de cette continuelle émanation. Sans ces particules les vapeurs ou les exhalaisons ne pourroient se former, le miroir ne refléchiroit aucunes especes, la lumiere ne se communiqueroit pas à nos yeux. L'odeur des fleurs ne se porteroit pas à nôtre odorat, le chien ne découvriroit pas le frais du gibier, la piste de só maître, ou ne choisiroit pas une pierre qu'il aura jetté dans un monceau d'autres, ou dans l'eau. Enfin ce n'est que par ces particules que les plantes attirent leur nourriture, l'ambre la paille, la cire d'Espagne le fêtu, l'Aymant le fer, & que nous distinguons les especes.

dont elles font émanées. Et ce feroit inutilement que l'on deman-
deroit pourquoi elles n'attirent pas
toutes comme l'Aymant, &c. parce
qu'ayant plus d'activité les unes
que les autres, fuivant la matiere
dominante au compofé dont elles
font émanées, elles s'en trouvent
par confequent plus ou moins actives, l'Ayman par exemple ou la
paille auront plus d'air ou plus de
feu, ce qui caufera une plus grande
activité en leur particules ainfi du
refte.

Le fecond principe que nous devons obferver, c'eft que ces particules fubtiles refident & voltigent
perpetuellement en l'air au tour de
la matiere dont elles font émanées,
& à concurrence de fa fuperficie,
comme une fumée qui voltige fur
le feu, ou une nuée fur l'eau, de
forte que quoy qu'agitées d'un petit mouvement, elles font dans un
perpetuel repos en cet endroit, de
même que les parties d'une eau courante qui eft dans fon lit, ou d'un
feu qui n'eft point agité par un

vent , ou par quelque autre corps
font dites être dans le repos.

Le troifiéme que ce repos n'eft
jamais troublé que par l'interjectió
d'un autre corps , qui venant à fe
mêler parmi elles, reçoit la commu-
nication de leur efpece par leur a-
gitation ou par l'impreffion qu'elles lui donnent en fe joignant à lui.
C'eft ainfi que ceux qui vont fur
les eaux fentent l'humidité, & s'hu-
mectent en quelque façon , par les
particules d'eau qui les entourent.
C'eft encor ainfi que celui qui marche dans un endroit fec, fterile, &
rempli de foufre ou de quelqu'autre mineral, fentira le foufre, le bi-
tume , ou quelqu'autre chofe de
brûlé par l'attouchement, ou par la
jonction des particules fubtiles qui
s'exhalent de ces corps. Enfin c'eft
encor ainfi que nos cheveux fo
dreffent, & que nous avons horreur
lorfque nous paffons dans un endroit ou un homme aura été tué,
ou bien , ou fon cadavre aura été
enterré.

En quatriéme lieu il faut obferver que des agitations qui arrivent à ces particules, les unes sont ordinaires par la simple interposition des corps, les autres extraordinaires qui procedent de la separation de ces particules d'avec leur commune matrice, ou d'avec la matiere dót elles sont émanées. La premiere de ces agitations est legere & ne produit que le simple sentiment, la seconde est violente & est beaucoup plus sensible. Le feu n'agit jamais avec plus de violence que lors qu'en le soufflant on le veut separer de son aliment. Un torrent n'est jamais plus impetueux n'y plus rapide, que lors qu'on oppose des digues & des barrieres à son passage: les choses pesantes ne tendent jamais plus violemment en bas que lorsqu'elles font les plus élevées, n'y les legeres en haut que lors qu'elles font le plus abaissées : de de même ces particules ne tendent jamais mieux à leur centre ou à se réünir à cette commune matrice, que lors qu'elles en font le plus separées, & leur impression n'est ja-

mais plus violente que lorsqu'elles
fe roidiffent pour y retourner.

De tous ces principes l'on en re-
cueille un cinquiéme, c'eft que la
fenfation, ou la diftinction que nous
faifons des efpeces ne fe fait que
par l'impreffion que le fang reçoit
de ces particules, ou par le rapport
que lui font celles qui font émanées
de nous, de la rencontre qu'elles
ont fait de celles des autres efpeces. Et voici comment ces particules étrangeres touchant celles qui
s'émanent de nous, & les repouffans
leur impriment leur mouvement, &
fe joignant à elles vont emporter
la diftinction à nôtre imaginative
par la difference qu'elle trouve en
leur mouvement.

Il eft donc conftant que c'eft par
le mouvement de ces corps fubtils,
& par l'impreffion que leur attouchement donnent à ceux qui émanent de nous que la fenfation, ou la
diftinction des efpeces fe fait, que
l'imagination les reconnoît fuivant
la maniere dont elle eft frapée par
ces particules, & que pour lui em-

donner la connoiſſance, il faut neceſſairement que la communicatiõ
ou l'attouchement de deux corps
oppoſés lui donne ou lui imprime
un mouvement ſpecifique ; il n'eſt
perſonne qui ne convienne que ces
principes ſont naturels. On peut
les croire ſans mendier le ſecours
des intelligences ſpirituelles pour
faire ces operations. L'on croira de
même que c'eſt de cette maniere
que l'on connoît l'eſpece d'un arbre par les particules ſubtiles de la
fleur, de ſa feüille & de ſon écor-
ce, & que nous jugeons que ſes racines ſont cachées par les rameaux
& le tronc qui ſont deſſus. Et enfin
qu'il y a quelque choſe de caché en
terre par l'impreſſion que donnent
les particules qui ſont deſſus.

Voici comme je l'établis, lorſque
nous marchons dans quelque endroit où il y a quelque choſe cachée, l'impreſſion que nos parties
ſubtiles recoivent de celles qui occupent l'eſpace de la ſuperficie des
mines, des ſources, des métaux, &c.
oblige celles qui ſon émanées de

nos corps à rentrer tumultuairement dans nôtre sang, pour en faire suivant la coûtume le rapport à
l'imagination par la difference du
mouvement. Pourquoi ne voudra
t'on pas qu'à mesure que ces particules r'entrent tumultuairement
dans le corps de l'homme pour y
marquer leur impression, elles en
en fassent sortir à même-tems d'autres dont elles prennent la place,
qui s'infinuans par les pôres dans
la baguette lui communiquent le
mouvement qu'elles viennent de
recevoir. C'est là, la veritable cause
de ce mouvement, c'est de ce choc,
ou de cette impression qui dure
autant que l'on occupe l'espace de
ces corps heterogenes que vient
le tournoyement de la baguette.

Et l'on peut dire hardiment que
de même que l'émotion ou l'abbaissement de nôtre pouls marque
les differentes passions dont nôtre
sang est affecté, le mouvement de la
baguette est comme un second
pouls qui marque l'agitation que
nos esprits ont receuë par le choc
des Etrangers.

Et si nous voyons ordinairement que de certaines maladies se communiquent pour avoir bû dans un même verre, ou par le simple attouchement, la fureur d'un enrage par sa bâve ou par sa morsure, l'amour de même que le mal des yeux par un regard fixe, qu'il y à méme des animaux & de certaines personnes qui infectent de certains objets de leurs regards, pourquoy ne voudra-t'on pas aussi que par l'attouchement de l'homme à la baguette il luy communique l'impression que son sang vient de recevoir par le choc des particules de la chose cachée.

L'on me demandera sans doûte deux choses, la premiere, d'où viét que ces particules qui entrent dâs le corps & qui imprimét le mouvement à la baguette ne se font pas connoître à l'imagination lors que l'espece est cachée de même lors qu'elle est apparente, par exemple pourquoy les especes de l'or cachée ne le font pas

connoître à nôtre imagination
par la difference de leur mouvement, de même que lors qu'il eſt
découvert.

Le nœud de cette objection ſe
reſoud par les principes que nous
avons poſé cy-deſſus, dautant que
lors que l'eſpece eſt apparente elle frappe le ſens exterieur d'un
mouvement ordinaire , ou naturel, qui en fait à ſon accoûtumée
le rapport au ſens interieur ; qui
le connoît par ce rapport , mais
lorſque l'eſpece eſt cachée, comme les particules qui en émanent,
ne frapent plus le ſens exterieur,
& ne donnent à l'interieur qu'un
mouvement extraordinaire ou
contraire au naturel , il s'enſuit
qu'elles ne peuvent plus porter
par ce mouvement la diſtinction
de l'eſpece qui les produit. Comme par exemple , ſuppoſé que le
mouvement ordinaire fut en
haut ou oblique, l'extraordinaire
ſe trouvant en bas, ou vers la choſe cachée , à laquelle ces particules tendent à ſe reünir, cette con-

trarieté de mouvement l'empêche de produire le même effet.

En un mot lorsque l'espece est
apparente les particules subtiles
qui en émanent n'ayant que leur
mouvement ordinaire , l'imagination les peut facilement distinguer par le rapport du sens exterieur qui en est frapé , mais lors
qu'elle est cachée, le mouvement
de ces particules étant changé
par l'interjection du corps qui
les couvre , & d'ordinaire qu'il
étoit devenu extraordinaire ou
contraire au naturel il n'affecte
plüs de même le sens exterieur;
& s'il affecte l'interieur , c'est un
mouvement qui luy est inconnu,
comme procedant d'un truche-
ment étranger dont il n'entend
pas le langua900age.

La seconde objection qu'on
me fera, c'est pourquoy cette impression ne produit pas le même
effet envers tous les hommes, ou
pourquoy la baguette ne leur
tourne pas à tous également.

Ie répons à cela que de la même

maniere qu'il y a des terres naturellement steriles, & d'autres naturellement abondantes suivant
les defferends aspects du soleil ou
des autres planettes, des airs sains
ou mal sains suivant qu'ils sont
remplis de ces particules confor-
mes ou contraires à la tempera-
ture des corps qui y sont soûmis;
& des airs purs ou impurs suivant qu'ils sont chargés, & hors
de la sphere de ces differentes
particules, de même il y a des
corps qui abondent en ces parties
subtiles, & d'autres qui en ont à
peine pour leur suffisance, par-
dessus cela, il y en a qui les ont
plus actives les uns que les autres, & qui ont les pores extre-
mement ouverts, d'autres qui les
ont fort resserrés. Ceux qui sont
nés sous de certains signes ou de
certaines planettes, peuvent avoir
de ces particules si abondantes &
si actives, & les pores si ouverts
qu'étans repoussées par les étrangeres il faut necessairement qu'elles sortent par les pores pour fai-

re place à celles qui entrent dans nôtre corps quand nous respirons, dautant que le vaisseau étant rempli elles ne pourroient rester n'y les unes n'y les autres, & la facilité ou l'impetuosité avec laquelle elles sortent communique ou imprime leur mouvement à la baguette, mais ceux qui ont les pôres plus resserrés, ou qui n'ont ces particules, n'y si abondantes, n'y si actives qu'il n'y en puisse bien entrer d'autres sans obliger de celles qui y sont de sortir pour leur faire place, ne peuvent imprimer à la baguette le mouvement qu'elles ont receu, parce que celles du dehors n'ont pas une agitation si forte que celles du dedans, ou ne s'en ressentent pas.

Voilà donc l'effet que produisent la planette ou le signe, c'est qu'aux uns ils ouvrent les pôres, & leur donnent une si grande abondance de ces particules les plus actives, qu'à la moindre impression elles en sortent pour faire

place à celles qui y sont envoyées
par les corps étrangers , & aux
autres , où elles donnent moins
d'activité à leurs parties subtiles,
ou moins d'abondance , ou leur
renferment tellement les pôres
que cette transpiratió ne se peut
faire , ou si les pôres sont tortus,
ils font que le mouvement n'est
pas regulier, mais toûjours en remontant contre l'estomac, ou toûjours en baissant contre terre.

De là vient encore qu'il y en a
qui ont ce mouvement pour toutes les choses cachées, & d'autres
seulement pour quelques-unes,
parce que s'ils ont les pôres bien
droits & bien ouverts, cette abondance ou cette plenitude de particules , avec l'activité requise, la
baguette leur tournera sans doûte sur toutes les especes, mais s'ils
n'ont qu'une plenitude d'esprits
avec les pôres resserrés , cela ne
leur donnera du mouvement que
pour ce qui fera l'impression plus
forte , ou qui s'accommodera le
plus à leur temperemment, & ain-

si a proportion que l'activité, ou la plénitude manqueront à ces particules, ou que les pôres seront plus ouverts ou plus resserrés.

Je tire donc hardiment cette conclusion que sans avoir recours aux intelligences spirituelles, l'on peut tenir pour certain que le mouvement de la baguette est physique, qu'il ne procede que d'une cause physique ; à sçavoir de nos particules qui s'emanans de nous, sur le choc qu'elles reçoivent des étrangeres, communiquent à la baguette l'impression qu'elles en ont receuë.

CAPITRE XII.

Resolution de quelques doûtes sur les causes du mouvement de la Baguette.

LA verité la plus pûre n'est jamais sans contestation, & c'est ordinairement dans la dispute, & dans l'opposition qu'elle brille & qu'elle paroît avec plus d'é-

clat;les principes que nous avons
établis dans le chapitre precedant
font certains ; mais ils ne font
pas fans quelques difficultés,nous
tâcherons de les refoudre en celuy-cy, & de les mettre comme
dans un nouveau jour , par l'op-
pofition des raifons contraires,

Il y a peu de perfonnes qui con-
teftent l'emanation des corps fubtils , & qui ne conviennent qu'ils
donnent quelque impreffion à nos
fens:mais ils ne peuvent comprendre comment par cette impreffion
nous pouvons connoître l'efpace
ou la largeur des chofes cachées,
leur profondeur diftinguer les differentes efpeces,connoître la chofe derobée, le criminel, ny les limites , &c. voicy donc les raifons
fur lefquelles ils le peuvent concevoir comme nous.

J'ay établi pour principe qu'au
moment que l'on paffe fur la largeur de la chofe cachée,la baguette dône un mouvemét en baiffant.

La penetration de la caufe n'en
eft pas difficile , les parties fubti-

les qui excitent ce mouvement étans séparés de leur centre, ou de leur commune matrice se poussent & tendent ordinairement contre elle pour tâcher de s'y reünir , & étans rencontrées par celles de l'homme qui les traverse à mesure qu'il entre dans l'espace qu'elles occupent , elles leur impriment le même mouvement que celles-ci communiquent aprés à la baguette , & comme leur mouvement est en bas ou vers la chose cachée, elles le luy font faire de même , & luy donnent la même inflexion au bout, ou se reünissans , comme il a été des cy-devant, elles ont par consequent plus de force en cet endroit pour le marquer.

D'où l'on découvre en même-tems la cause de la rapidité ou de la lenteur de ce mouvement, dautant qu'aux endroits où il y a le plus de matiere , se faisant un plus grand choc & un plus grand envoy de ces parties subtiles, elles causent par consequent un mouvement plus rapide que quand il n'y en a que tres-peu.

Un petit ruiſſeau n'a jamais tant de rapidité, n'y tant d'impetuoſité qu'un torrent , & l'on éteint plus facilement une petite lumiere qu'ũ incendie. L'on ne doit donc pas s'étonner ſi l'on juge de l'endroit de l'abondance d'une ſource, & de celuy qui n'en eſt qu'imbibé, par-ce que ce qui vient d'être dit , fait voir comment ce dernier doit don-ner un mouvement plus lent que le premier.

Le fondement que j'ay poſé à l'égard de la profondeur, & qu'el-le eſt marquée par le mouvement que la baguette donne en remon-tant contre l'eſtomac , depuis la largeur juſqu'à ce que le mouve-ment ceſſe , & qu'aprés avoir ceſ-sé, ſi l'on avance un pas , elle don-ne un contraire mouvemét en bas.

Les cauſes de ces effets ſont à peu-prés ſemblables à celles du precedant parce que les particu-les ſubtiles qui les produiſent étans entrainées par le corps qui les à traverſé) au delà de l'eſpa-

ce qu'elles occupoient , elles
prennent un mouvement en arriere pour revenir au lieu d'où l'on
les a tiré , & donnent par consequent le même aux particules de
l'homme , & successivement à la
baguette qu'elles font aussi tourner en arriere. C'est à-dire en remontant contre l'estomac;& comme ces particules ne peuvent agir
au delà de la sphere de leur activi-
té.Cette sphere ne s'étendant qu'à
la distance du corps intermediai-
re, c'est-à-dire par exemple la terre qui les separe, leur mouvement
cessant dans cet intervale,l'on connoît par consequent la distance de
la profondeur.

La solution de cette difficulté
sert encor à nous montrer d'où
vient que ces particules donnent
le même mouvement lorsque l'on
remonte une source ou une mine,
parce que ces corps subtils suivans
la pente de celui d'où ils émanent,
dans lequel ils concourent & fluét
perpetuellement d'une extremité
à l'autre , étans arrêtés & agités

par le corps qui s'oppose à leur
passage, & qui les traverse, font un
mouvement circulaire autour de
lui pour reprendre leur pente naturelle, de même que les parties
de l'eau ou du feu qui sont arrê-
tées par un corps, & c'est ce qui
cause un mouvement en arriere en
remontant contre l'estomac, comme il a été dit ailleurs.

Il reste encor une difficulté au
sujet de la profondeur, c'est d'où
vient qu'aprés que le mouvement
qui marque sa distance a cessé, si
l'on avance encor un pas elle reprend un mouvement contraire,
c'est-à-dire en baissant & qu'aprés,
si l'on revient sur ses pas, elle n'en
donne point du tout jusqu'à ce
qu'on soit de nouveau entré dans
la largeur.

Cette difficulté cessera quand on
viendra à penser, que le défaut de
mouvement qui arrive à la baguette à l'extremité de la distance
de la profondeur, ne procede que
de l'absence des particules subtiles qui le causoient, parce que s'é-

G

tans retirées, la baguette ne peut
plus avoir le mouvement en arriere qu'elle recevoit de leur impreſſion. Et ſi bien en outre-paſſant
d'un pas l'endroit où ce mouvement a ceſſé, elle vient à en donner un contraire. Ce n'eſt pas pour
avoir receu une nouvelle impreſſion de particules differentes des
premieres qui 'l'agitoient, mais
plûtôt parce qu'il y en reſte encor
quelques-unes, qui n'ayans pû s'en
retourner comme les autres, font
tourner la baguette par le nouvel
effort qu'elles font pour les réjoin-
dre, & comme elles ne ſont plus
entrainées par la rapidité de leur
mouvement en arriere, elles ſuivent, & font ſuivre à la baguette
leur pente ordinaire qui eſt de tendre en bas.

L'on voit la demonſtration de
cette verité en ceux qui ſortent
d'un lieu plein d'une fumée épaiſ-
ſe, ou en ceux qui ſortent de l'eau,
ils entrainent avec eux une abondance de fumée ou d'eau, qui les
ſuit pendant quelque eſpace, non

pas toutesfois tant que ces particules, parce qu'elle est plus pesan-
te , mais du moins assés pour
nous faire comprendre que quand
la fumée ou l'eau qui accompa-
gnoit le corps qui en sortóit s'est
retirée dans son lieu , ou dans son
canal , il en reste toûjours quelques parties , ou quelques gouttes
attachées au corps , qui n'ayans
pas si bien pû s'en depêtrer que
les autres, ne tendent plus vers la
masse que l'on a quitté , mais en
haut , ou en bas ou elles vont successivement suivant leur pente &
leur inclination naturelle , & de
même qu'aprés que cette eau s'est
écoulée jusqu'à ce qu'on rejoigne
la masse ou le courant de l'eau l'on
ne sent aucune humidité , parce
qu'il ne reste aucune partie d'eau
sur soy , de même aussi lorsque
l'on revient sur la profondeur
aprés s'en être éloignée de quelques pas , & qu'on la traverse , la
baguette ne donne aucun mouvement jusqu'à ce que l'on commence d'entrer dans la largeur , parce

que toutes ces particules s'étans entierement retirées, elles ne donnent aucune impreſſion juſqu'à ce que l'on les ait réjoint dans le courant, c'eſt à dire dans l'eſpace qu'elles occupent ſur la largeur.

Quant à la diſtinction des eſpeces j'ay établi pour principe qu'on les connoît en ce qu'au moment qu'on en fait toucher une à la baguette de même nature que ſa cachée ſon mouvement s'arrête. La cauſe de cet effet eſt auſſi évidente que celle des precedens, parce que l'eſpece qui touche ou qui apparoît, attirant, ou réüniſſant à ſoy ces particules (qui par la separation totale de leur centre, ou de leur commune matrice étoient dans une agitation violente pour s'y réünir,) les met dans le repos & fait ceſſer leur agitation par leur réünion à l'eſpece de même nature qu'elles touchent en la baguette. C'eſt ainſi que le fer Aymanté qui naturellement ſe tourne toûjours du côté du pôle du Nord où eſt le centre de l'Ayman, arrête ſon

mouvement & cesse d'y tourner
pour se ranger du côté,& se réünir
à l'Ayman prochain qu'on luy
presente.

Le mouvement ou l'agitation
extraordinaire que ces corps subtils ressentoient par la separation
de leur centre étant ainsi arrété, il
ne leur reste que le naturel ou l'ordinaire qui de soi ne donnant point
d'impression, ou une fort legere
comme étans dans leur repos, ou
reünis à une matiere de la même,
qualité, que celle dont ils étoient
separés. L'on ne doit point s'étonner que la baguette ne tourne
point sur l'eau, n'y sur toutes les
autres especes apparétes parce que
les particules de l'eau &c. étans dás
leur repos ne donnent aucune impression au corps qu'elles environ-
nent, ou ne luy en donnent qu'u-
ne si legere qu'elle est imperceptible comme nous l'avons dit.

Une preuve que ces particules
ne donnent plus d'impression lorsqu'elles sont au lieu de leur repos
c'est que leur activité ne procede

que de la violence qu'elles ressentent lors qu'ells en sont separées.
Nous ne sentons point l'odeur d'u-
ne fleur si nous n'attirons ses particules en respirant, il faut que nôtre respiration les entraine avec
violence à nôtre odorat, un chien
ne trouvera point le frais du gibier
ny la piste de son maître si sa respiration ne l'attire, & ainsi du reste
de sorte que ces particules ne donnent aucune impression sensible, si
la violence qu'elles souffrent ne les
excite, & ne leur dône de l'activité.

Mais dit-on encor, supposé que
cela soit, comment connoîtra-t'on
le lieu ou l'on a caché une chose
dérobée & le voleur ou le crimi-
minel, il semble d'abord que la difficulté ne reste plus pour la chose
dérobée ; parce qu'étant un corps
de même que les autres especes
dont nous avons parlé, il s'en peut
exhaler des particules qui peuvent
de même donner de l'impression,
ou du mouvement à la baguette,
qu'on peut arrêter, & en connoître
la cause en lui faisant aussi toucher

des choſes de la méme eſpece, ſi l'ő
en peut avoir; enfin que ſi aprés en
avoir touché elle continuë ſon
mouvement, on y peut dire de même qu'aux ſources que cette con-
tinuation procede d'une autre cauſe qui ſe rencontre par hazard dás
l'endroit ou l'on fait la recherche.
Mais cela ne ſuffit pas pour découvrir ſi la choſe a été derobée ou
non, parce qu'il peut être que la
baguette tourne moins pour le
larcin que pour la choſe derobée.

Neanmoins comme nous ſom-
mes convaincus que la baguette
tourne également ſur le criminel
& ſur la choſe dérobée, aprés avoir
verifié, pour plus de ſeureté, qu'il
n'y a point de cauſe étrangere de
ſon mouvement, je ne doûte
plus que le crime n'affecte la choſe
& le criminel d'une qualité particuliere qu'ils n'avoient pas auparavant, & que l'agitation que les
remords de conſciéce excitent aux
particules du criminel dépuis le
crime commis, ne ſoit redoublée
par leur union à celles de la choſe

G iij

dérobée , & que de cette union de même que de celle qui se fait sur les limites (comme nous l'établirons cy aprés) il ne s'en fasse un composé qui perpetuë d'un mouvement uniforme celui de la baguette dans tous les endroits où auront passé le larron ou la chose dérobée & principalement dans ceux ou l'un , ou l'autre se seront reposés de sorte que rien ne peut arrêter son mouvement sur l'un ou sur l'autre; parce que quand on lui feroit toucher des choses semblables , elles ne seroient pas affectées d'une pareille union, ou d'une pareille qualité de larcin.

Ce qui me confirme dans le sentiment de cette union , c'est que plus les particules subtiles de la chose qui a donné lieu au crime sont abondantes & plus violente en est l'impression qu'elles donnér, par exemple l'union des particules du meurtrier avec celles du meurtri, donneront une plus grande impression que celles du larron avec celles de la chose dérobée parce qu'au premier cas il se fait une plus grande & plus violente exhalation des particules du meurtri, & comme elles sont plus fortes, je ne doute point qu'elles ne suivent partout celle du meurtrier, & que le mouvement qu'elles excitent ne soit encor plus certain pour la connoissance de ce crime ; que celuy qui est excité par celles du simple larcin.

Cette verité se prouve encor par le mouvement que la baguette donne aux endroits où le criminel, où la chose affectée du crime se sont reposés, dautant que comme il s'y est fait une plus grande exhalation de ces particules la baguette y donne par consequent plus de mouvement, ce qui fait que l'on connoît facilement le lieu de ce repos, & par cette raison l'on connoît encor facilement le lieu où le crime a été commis, parce que comme il s'y est fait une plus grande exhalation, le mouvement est aussi plus rapide.

En un mot si, selon qu'on le pré-

tend, la baguette tourne sur tous
les criminels de quelque nature
que ce soit le crime, ce mouvement
ne procede que d'une pareille
union, ou de ce que depuis le crime commis, les particules subtiles
des criminels étant plus agitées
qu'à l'ordinaire, elles ont pris un
mouvement different de celles des
Innocens, ce qui fait qu'étant plus
violent il est suffisans pour émou-
voir la baguette de celui qui les
cherche.

Mais comme les Jurisconsultes
veulent que pour la conviction d'un
criminel l'on ait des preuves plus
claires que le jour, je ne voudrois
pas d'abord me fier sur celle-ci, non
seulement parce que je puis manquer
de faire toucher à la baguette de
quelque espece qui arrêtant son
mouvement déchargeroit le criminel
du crime que l'on lui impose, mais
encor parce qu'un homme qui sera
émeu par une crainte mal fondée,
ou par une imagination qu'il se sera
mis dans la tête pourroit causer le
même mouvement, de même qu'un

homme ferme , fans remords & fans
crainte quoy que criminel ne donnant aucune agitation à fes efprits,
n'en pourroit auffi donner aucune à
la baguette , ce qui pourtant peut
difficilement arriver parce que ladi-
te union eft toûjours au dernier , &
manque toûjours au premier. Neanmoins comme en fait de crime , il
faut toûjours pancher du parti le
plus doux , je me determine à dire
que fon mouvement fur un criminel
ne peut jamais fervir de preuve pour
fa conviction , mais tant feulement
de quelque indice & de quelque
prefomption.

La derniere difficulté qui refte
à examiner concerne le mouvement de la baguette fur les limites,
je conviens qu'il y a des chofes qui
femblent furpaffer les caufes phy-
fiques. L'on a peine de concevoir
qu'une pierre qui de foy ne don-
noit aucun mouvement , en puiffe
produire au moment qu'elle eft
employée pour limite; & qu'un efpace qui de fa nature n'en produi-
foit aucun, d'abord qu'elle eft em-

ployée pour faire la separation de
quelque fonds, commence de renfermer en foy des particules ani-
mées qui caufent ce mouvement.
Cependant l'experience nous le
fait voir chaque jour, & nous apprend à même tems, qu'outre la
volonté de Dieu qui par fa providence a difpofé les chofes de la
forte pour entretenir la paix entre
les hommes, cet effet eft produit de
la même maniere que les precedens fur les eaux & fur les mineraux. En un mot, c'eft par le moyen des communes efpeces au corps
fubtils qui fe font exhalés des parties aboutiffantes lorfqu'elles ont
planté les limites.

Perfonne ne difconvient que
dans ce moment les deux parties
intereffées n'y foient ou quelqu'un
pour elles, que ces parties ayant
convenu de l'efpace qui doit faire
la feparation & du lieu où les limites doivent être plantées n'allent,
& ne viennent le long de cette feparation pour planter le cordeau
& les piquets, & ne repandent dans

ce plantement ou dans ces allées
& venues quantité de ces particules ou corps subtils, qui causent le
mouvement, qu'ils n'en répandent
encor beaucoup en touchant les
pierres qui servent de limite , &
qu'à mesure qu'on enterre ces pierres il ne s'en enterre quantité avec
elles ; Ce sont ces particules de
difference espece qui font une
union qui en reproduit continuellement de pareilles à leur composé. Ce sont ces particules ou ces
corps subtils enterrés qui par la
permission Divine en composent
une espece de masse ou d'anneau
qui tient comme enchaînés ou
comme attachés à eux d'une chai-
ne invisible , ceux qui restent en
l'air tout le long du chemin qu'on
leur a tracé, pendant l'espace de la
separation. Ce sont ces derniers
qui se mouvans & se reproduisans
perpetuellement dans cet espace
d'une limite à l'autre , comme au
lieu de leur attachement donnent
& impriment à la baguette un
mouvement semblable à celui

qu'elle a sur les sources & sur les
mines.

Il me semble que je voi une
foule d'opposans qui se recrient
pour me demander d'où vient que
ces particules ne s'exhalent pas par
la succession des tems ; mais je leur
réponds que cela ne leur doit pas
paroître plus étrange que de voir
le gui de chêne , ou de pommier,
(que l'on prétend naître de l'excrement d'un oiseau) se produire,
s'engendrer & rester perpetuellement sur quelque matiere que
tombe cet excrement ; malgré le
Soleil, les vents & les pluyes.

Par dessus cela il n'est pas plus
surprenant de voir demeurer perpetuellement ces particules sur les
limites, & se reproduire sucessive-
ment que de voir , (selon que les
Naturalistes en conviennent,) qu'u-
ne des goutes du lait qui sort du
coral, (lorsqu'on le rompt dans la
Mer,) y produise un autre arbris-
seau de coral sur quelque espece
qu'elle tombe , & que cette goute,
sans varier reste sur l'endroit qu'el-

se tombe y produise un nouveau
rameau de coral l'éleve & le fasse
venir de la grandeur ou plus de
celuy qui l'a produit, malgré l'agitation des ondes & le mouvement de l'eau qui devroit aussi
facilement emporter cette goute
de lait de dessus la pierre ou de
l'endroit où elle tombe, détour-
ner sa generation, & empêcher
qu'elles ne se reproduisent, que
les vents, ou la succession des tems
peuvent emporter les particules
des parties aboutissantes, qui sont
semées sur la limite ou sur l'espace de la separation.

Enfin l'on ne doit pas plus s'é-
tonner, de voir ces particules attachées sur les limites, ou sur l'espace de la separation que de ce
que nous nous ressouvenons depuis soixante, & depuis quatre-
vingt ans ou plus, des choses que
nous avons veuës, senties, goutées,
touchées, &c. Il y a peu de Philo-
sophes qui ne conviennent que
cette reminiscence ne se fait qu'au
moyen des particules, ou des es-

peces intentionnelles de l'objet, qui
restant attachées à nos sens quoy
que l'objet n'y soit plus, en rape-
lant l'idée à nôtre memoire toutes
les fois qu'elles se representent à
nôtre imagination. Pourquoy ne
voudra t'on pas de même que les
particules qui sont enterrées avec
les limites, y restent perpetuellement, qu'elles le reproduisent, &
qu'étant de même nature que celles
qui sont en l'air, dans l'espace de la
separation, elles les y retiennent
attachées comme un arbre qui est
sur sa racine, ou par l'inclination
qu'elles ont de se réünir avec leur
semblables, & les y faßent rester
en sorte qu'elles se presentent à
l'homme, de même que les especes intentionnelles à la memoire,
la raison est égale de part & d'autre.

Il est donc certain que ces particules ou celles qui en sont re-
produites restent autour des limites ou voltigeans & concourans
continuellement d'une limite à
l'autre, ou tout le long de la sepa-

ration où elles font femées , elles tendent continuellement en bas vers celles qui font attachées aux limites,ce qui caufe un pareil mouvement à la baguette lorfqu'on les traverfe , que celuy qu'elle reçoit en traverfant une fource ou une mine , & un contraire lors qu'en fuivant la longueur, l'on s'oppofe à leur paffage, de même que l'on en voit un contraire lors qu'en remontant une fource ou un filon de mine, l'on s'oppofe au paffage des particules qui fuivent leur pente.

L'on m'oppofera fans doute encor que fi ce mouvement eft femblable à celui qui fe fait fur les fources,& fur les mines, d'où procede que la baguette tourne fur la pierre de limite apparente,& qu'elle n'a pas le même effet fur les eaux, ou fur la matiere de la mine.

Cette difficulté fe peut refoudre parce que nous avons dit cy-deffus, mais pour le faire plus diftinctement je dois obferver trois chofes. la premiere que les particules émanées des parties aboutiffantes qui sont renfermées avec les limites sont tellement unies au dedans d'elles, qu'on peut veritablement dire qu'elles leur sont concentrées: la secõde que la superficie de la limite apparente comme celle de la terre de separation, n'ont point de part à cette réünion, de méme que la superficie de l'homme n'a point de part aux especes intentionnelles qu'il renferme en lui. La troisiéme que les traces que les parties ont faites le long de la separation, en allant, & en venant y en ont de même concentré quelques-unes qui sont comme la tige, la racine, ou le centre de celles qui voltigent en l'air au dessus de cet endroit.

Cela posé l'on découvre facilement pourquoy la limite ou la terre de separation apparente ne peuvent arrêter le mouvement de la baguette, dautant que n'étant qu'une superficie qui n'est pas, comme ce qu'elles renferment, de même nature que les particules qui sont en l'air, & qui ont causé le mouvement, elles ne peuvent, ny l'arrêter, ny le faire ceſſer, parce qu'elles n'arrêtent pas leur agitation en les réüniſſant, & en les mettant dans le repos qu'elles cherchent, de même que la ſource, ou la mine apparente le ſont aux corps ſubtils de pareille nature qu'elles. Et ſi en rompant un morceau de la pierre de limite, ou une motte de la terre de ſeparation, ils arrêtent le mouvement, c'eſt qu'en rompant ces morceaux l'on découvre quelques-unes de ces particules qui étoient concentrées, ou cachées ſous la ſuperficie, leſquelles par l'attouchement de la baguette réüniſſans les autres à elles, & les mettant dans le repos qu'elles cherchoient, font ceſſer leur agitation, & arrêtent par conſequent le mouvement qu'elles cauſoient.

Cette raiſon ſert encor à nous faire connoître d'où vient que lors qu'on a tranſplanté la limite, la baguette ne tourne point ſur la fauſſe longueur, parce que les eſpeces, ou les particules ſubtiles qui

étoient concentrées en la veritable
feparation ne l'ont point quittée
pour fuivre la limite quand on la
changé de lieu , & fi elle tourne
toûjours fur la veritable feparation,de méme que fur la limite ou
elles étoient coucentrées , plûtôt
que fur la fauffe feparation. C'eft
parce que n'y ayant point en cet
endroit de ces particules concentrées , celles qui font en l'air ny
font pas attirées comme fur la veritable feparation , où il en refte
toûjours de concentrées ; äufquel-
les elles tâchent de fe reünir.

Je ne doute point que le fenti-
ment que je leur fait touchant le
plantement des limites , ne faffe
dire à quelqu'un que je fuis forti
de celles de la raifon. Mais avant
que de me faire mon procés je l'a-
vertis qu'il fera bien heureux s'il
peut me contredire fans fortir de
celles de la fienne , & jufqu'à ce
qu'outre les caufes que j'attribuë à
la puiffance, & à la volonté Divine , qui font fans bornes , il m'en
donne de plus naturelles & de plus

apparentes que les miennes, je lui déclare qu'avant que d'avoir recours aux esprits de l'air, je me tiendray toûjours à ma premiere opinion, comme étant fondée sur une cauſe phyſique & reelle qui produit toûjours le même effet, ce qu'on ne peut trouver aux intelligences ſpirituelles. Et par ce moyen, au lieu d'accuſer d'imperfeétion l'ouvrage du Createur, je loüerai & j'admirerai ſans fin le grand ouvrier qui par une operation dont il eſt ſeul capable, a fait éclater juſqu'aux moindres choſes les marques de ſa bonté pour les hommes.

F I N.

TABLE
DES CHAPITRES.

Chap. I. *Qui sert d'Introduction à ce traité,* page 1

I I. *De la qualité de la verge de Ia-cob,* 9

I I I. *De la forme de la verge de Jacob,* 13

I V. *De la maniere de tenir la verge de Jacob & comme elle tourne,* 20

V. *Comme l'on peut connoître en general ou distinguer les choses cachées par la verge de Jacob,* 28

VI. *De quelle maniere on peut découvrir en particulier les mines & les metaux cachés,* 39

VII. *Par quel moyen l'on peut connoître la largeur des sources & des mines cachées,* 52

VIII. *Par quel endroit l'on peut connoître la profondeur des sources & des metaux,* 65

TABLE DES CHAPITRES.

I X. *Si l'on peut connoître au vray la grosseur des sources ou des mines,* 78

X. *De la maniere de découvrir les limites & les chemins ou sentiers,* 83

X I. *Des diverses causes du mouvement de la baguette,* 93

X I I. *Resolution de quelques doutes sur les causes du mouvement de la baguette.* 112

Fin de la Table.

APPROBATIONS.

JE Soubfigné Docteur en Theologie de la maifon & Societé de Sorbonne ay lû un Traitté Intitulé *la Verge de Jacob, ou l'Art de trouver les trefors* &c. lequel traité eft fans preface,& qui ne contient rien de contraire à la foy ni aux bonnes mœurs. A Lyon ce neuviéme Février 1693.

COHADE.

ON n'a jamais pú refufer des Aprobations à ceux qui ont expliqué des nouveaux fiftemes ; fur tout quand les bonnes mœurs n'y étoient point ternies ni la foy Catholique alterée;c'eft ce qui nous a obligé de reapprouver le Livre *de la Verge de Jacob* auquel nous avions déja donné nôtre Approbation il y a prés de quatre ans , en qualité de Docteur de la faculté de Theologie. A Lyon ce 15. Janvier 1693.

MATHILLON.

CONSENTEMENT.

VEu les Approbations du Sieur de Cohade & Mathillon, Docteurs en Theologie concernant le manufcrit Intitulé *la Verge de Jacob ; Où l'Art de trouver les Sources Metaux* &c.

Je Confens pour le Roy qu'il foit permis au Sieur BARITEL qui a reprefenté le manufcrit, qui pourra contenir environ cinq feüilles, de l'Imprimer. A Lyon le 14. Fevrier 1693.

VAGINAY.

PERMISSION.

PErmis d'Imprimer. A Lyon ce 14. Février 1693.

DE SEVE

www.ingramcontent.com/pod-product-compliance
Ingram Content Group UK Ltd.
Pitfield, Milton Keynes, MK11 3LW, UK
UKHW021632170726
13836UKWH00005B/2161